CAICT
中国信通院 | 集智丛书

低碳未来

数字化与绿色化
融合之路

中国信息通信研究院　卢春阳　祁航　郝昀◎编著

人民邮电出版社
北　京

图书在版编目（CIP）数据

低碳未来：数字化与绿色化融合之路 / 卢春阳，祁航，郝昫编著. -- 北京：人民邮电出版社，2025.
（中国信通院集智丛书）. -- ISBN 978-7-115-66075-6

Ⅰ. F492

中国国家版本馆 CIP 数据核字第 20242B85V5 号

内 容 提 要

　　数字化与绿色化既是当今世界发展的两个重要主题，也是推动经济高质量、可持续发展的主要动力。本书通过系统论述数字化与绿色化融合的相关理论基础和政策体系，揭示数字化对绿色低碳发展的推动作用，阐述数字化与绿色化融合发展的关键技术，并提出数字技术与能源、工业、交通、建筑、碳管理等领域融合应用的路径策略，研判数字化与绿色化融合发展的未来趋势和前景，为行业企业技术创新和产业升级提供思路和方向，助力产业各界共同推动经济社会全面绿色转型。本书将环境科学、经济学、信息科学等多个学科的知识融合在一起，展现了绿色化与数字化融合这一新领域的综合性和复杂性，通过文字叙述、图表展示、案例分析等方式，帮助读者更好地掌握绿色低碳发展与数字化融合的核心要点和实践方法。

　　本书以数字化与绿色化融合为切入点，涵盖理论研究、实践解读、政策研究等多方面内容，旨在为研究人员、相关政策制定者以及对数字化与绿色化融合发展感兴趣的各界人士提供参考与借鉴。

◆ 编　　著　中国信息通信研究院　卢春阳　祁　航　郝　昫
　　责任编辑　苏　萌
　　责任印制　马振武

◆ 人民邮电出版社出版发行　　北京市丰台区成寿寺路 11 号
　　邮编　100164　　电子邮件　315@ptpress.com.cn
　　网址　https://www.ptpress.com.cn
　　固安县铭成印刷有限公司印刷

◆ 开本：710×1000　1/16
　　印张：15　　　　　　　　　　　　2025 年 6 月第 1 版
　　字数：190 千字　　　　　　　　　2025 年 9 月河北第 3 次印刷

定价：79.80 元

读者服务热线：(010)53913866　印装质量热线：(010)81055316
反盗版热线：(010)81055315

>>>丛书编写组

丛书顾问专家：

续合元　王爱华　史德年　石友康　许志远　何　伟

本书编写组成员：

卢春阳　祁　航　郝　昫　杨吉双　杨　晨　王华丽

刘家祺　齐殿元　秦　业　张　群　刘　妍　杨　璐

随着全球新一轮科技革命和产业变革的孕育兴起，应对气候变化、推动绿色低碳发展成为全球主要经济体的共同选择。数字技术作为推动实现碳中和目标的新引擎，已在能源、工业、建筑、交通等领域取得显著的节能降碳成效，为经济社会绿色低碳高质量发展开辟了新路径，提供了强支撑。目前，虽然多个机构开展了以数字化与绿色化融合为主题的研究，但依然尚未形成涵盖理论、现状、路径、政策建议等多方面系统化的研究成果。

编著者通过深入研究数字技术与各行业融合的机制、路径和策略，建立和丰富了数字化与绿色化融合的理论体系，为相关领域的学术研究提供新的视角和思路，为政府和企业提供决策参考和实践指导，推动数字技术与各行业的深度融合，促进经济社会发展的全面绿色转型。

本书主要涵盖理论篇、政策篇、技术篇、行业篇、实践篇、展望篇六大篇，内容如下。

理论篇：本篇从理论角度出发，对数字化、绿色化相关概念、内涵、演进脉络、影响及数字化与绿色化融合发展的重要意义进行深入剖析，阐述数字化与绿色化融合的理论基础，为数字化与绿色化融合应用提供坚实的理论支撑。

政策篇：本篇系统梳理国内外关于数字化与绿色化融合的相关政策，深入分析政策导向和政策实施情况，通过对政策体系的解读，帮助读者了解政策动向、把握发展机遇。

技术篇：本篇从技术层面介绍 5G、大数据、云计算、物联网、人工智能等前沿数字技术及其在绿色低碳发展中的应用。

行业篇：本篇探讨数字技术在能源、工业、建筑、交通、碳汇、碳交易等领域融合应用的行业路径、应用场景和推进策略。

实践篇：本篇从企业、园区和城市 3 个层面介绍制造、信息通信、能源等不同领域数字化与绿色化融合发展的实践案例，为读者提供宝贵的参考和借鉴。

展望篇：本篇对数字化与绿色化融合发展的未来趋势进行展望，并提出切实可行的政策建议，为政府、行业和企业推动数字化与绿色化融合发展提供借鉴和参考。

本书涉及的内容非常广泛，不仅涵盖数字化与绿色化融合的理论基础、政策环境和技术现状，还深入剖析各行业在数字化与绿色化融合过程中面临的挑战，提出数字化与绿色化融合的具体技术路径。本书注重系统性和全面性，融合环境科学、经济学、信息科学等多个学科的知识，不仅有助于打破学科壁垒，促进不同领域之间的交流与合作，还有助于读者全面了解数字化与绿色化融合的全貌，把握其内在规律和发展趋势。

本书部分内容已经形成公开研究报告或论文，书稿也引用了许多同行的研究成果，在此向各位同行致以衷心的感谢！特别鸣谢中国信息通信研究院领导，泰尔终端实验室马鑫、陆冰松、果敢、郭琳等人对本书的指导和支持！由于时间仓促，加之编著者水平有限，书中难免存在表述欠妥之处，由衷希望广大读者朋友和专家学者能够拨冗提出意见和建议，帮助和指导我们进一步完善。

编著者
2024 年秋于北京

CONTENTS 目录

第四篇 行业篇

第五篇　实践篇

第一篇

理论篇

第1章

数字化与绿色化融合发展的基本理论

1.1 数字化的理论基础

1.1.1 数字化的概念与内涵

当前，发展数字经济已经上升为国家战略，成为新时期我国发展的重要战略目标。《中华人民共和国国民经济和社会发展第十四个五年规划和2035年远景目标纲要》明确提出，要加快数字化发展，推进数字产业化和产业数字化，以数字化转型整体驱动生产方式的变革。党的二十大报告进一步强调加快发展数字经济，促进数字经济和实体经济深度融合。到底何为数字化？数字化有狭义和广义之分。狭义的数字化是指利用信息系统、各类传感器、机器视觉等信息与通信技术（ICT），将物理世界中复杂多变的数据、信息、知识转变为一系列二进制代码，并引入计算机内部，形成可识别、可存储、可计算的数字、数据，再基于这些数字、数据建立起相关的数据模型，进行统一数据处理、分析、应用。简而言之，数字化就是利用数字技术对信息进行记录、计算和应用的过程。它是实现管理智能化和推动绿色低碳发展的基础，是将信息转变为可量化的数据，进而建立模型来统一处理和应用这些数据的过程。广义的数字化则是通过利用互联网、大数据、区块链、人工智能等新一代信息技术，以数据为核心驱动力，对企业、行业、政府等各类主体的战略、架构、运营、管理、生产、营销等各个层面进行系统性的、全面的变革，强调的是数字技术对整个组织的重塑，数字技术能力不再只是单纯地解决降本增效问题，而是成为赋能模式创新和业务突破的核心力量。

　　数字化在不同的场景、语境下具有不同的含义。对具体业务进行的数字化变革在多数情况下指狭义的数字化，对企业、行业、组织整体进行的数字化变革在多数情况下指广义的数字化，广义的数字化包含狭义的数字化。狭义的数字化主要是利用数字技术对具体业务和场景进行的数字化改造，它更关注数字技术本身对业务的降本增效作用。广义的数字化则是利用数字技术，对企业、行业、政府等各类组织的业务模式、运营方式进行的系统化、整体性的数字化变革，它更注重数字技术对组织的整个体系的赋能和重塑。

　　有研究认为数字化一词源自3个英文单词，由于英文翻译和不同语言表述的差异，人们把既相似又有区别的3个英文单词——"数字化转换（Digitization）""数字化升级（Digitalization）""数字化转型（Digital transformation）"翻译成为一个词，即"数字化"。根据高德纳（Gartner）的词条解释，"数字化转换"强调的是"信息的数字化"，指的是从模拟形态到数字形态的转换过程，如纸质工作记录的数字化、声音的数字化等；"数字化升级"反映的是"工作流程的数字化"，即运用数字技术改造商业模式，产生新的收益和价值创造机会。例如，企业资源计划（ERP）系统就是对管理工作流程进行了数字化，从而提高了企业的工作协同效率和资源利用效率，为企业创造了信息化价值；"数字化转型"则完全超越了"信息的数字化""工作流程的数字化"，着力于实现"业务的数字化"，即利用数字技术来改变服务、产品和生产方式，以及优化决策过程和提高创新能力，该过程不仅包括数字技术的应用，还包括对组织结构、战略和文化的影响。

3

现如今，数字化更多地表现为数字技术发展及应用的一种社会趋势和过程状态。

与数字化相关的概念还有信息化、网络化、智能化等，这些概念虽然各有侧重，但它们之间却相互依存、相互促进，共同推动了信息技术的不断发展和进步。信息化着重于信息技术在业务流程中的应用，强调通过信息系统对业务流程进行处理，以提高工作效率和管理水平。网络化则强调网络的建设和应用，侧重于连接和通信，基于网络协议实现不同地理位置的软件与硬件设备之间的通信，以达到数据资源实时共享的目的。而数字化更关注数据价值，通过数据挖掘、分析等手段，为决策提供支持，强调将业务流程和数据进行深度融合，通过数据驱动实现创新和价值创造。数字化的关键在于质量与效率的提升，通过数字技术实现资源的最优化使用。智能化则着重于赋予系统或对象智能属性，使其具备自主感知、判断、学习和执行的能力。可以说，信息化是数字化的基础，为数字化转型提供了必要的数据积累和经验支持。网络化为数字化提供了重要的传输和交互平台。数字化则是在信息化基础上，对信息进行进一步的数据化处理。同时，数字化是智能化实现的前提，通过数字化技术的应用和数据的分析，为智能化的发展提供了可能。智能化作为数字化的高级阶段，是数字化转型的终极目标之一，通过人工智能算法对大量数据进行学习和分析，实现智能决策、应用以及更高程度的自动化。

数字化主要包括 5 个方面的特征。一是数据赋能。企业积累海量数据，并将数据转变为生产力，对降低运营成本、拓宽融资渠道、开展精准营销、提升运行效率等产生积极的影响，驱动企业自身优化决策。二是互联互通。在企业的生产、财务、销售等不同系统之间实现数据互联互通、协同共进。三是人机协作。人与信息通信系统在认知学习、分析决策、知识交流、自主执行等方面实现深度交互迭代，共同提升企业的整体数字化能力。四是生态协同。以网络化协作弥补单个企业资源和能力的不足，企业通过协同制造平台整合分散的制造能力，实现技术、产能与订单等资源的共享，提升整体生产效率，节约社会资源。五是高效敏捷。企业可以及时感知环境变化，并快速、有效地对其作出响应。

1.1.2 数字化的深远影响

数字化促进了数字经济的快速发展。它不仅推动了经济发展的质量变革、效率变革、动力变革，还深刻地影响了政府、组织、企业的治理模式，体现了生产力和生产关系的辩证统一关系。中国信息通信研究院从生产力和生产关系的角度提出了数字经济"四化"框架，即数字产业化、产业数字化、数字化治理和数据价值化。数字产业化和产业数字化重塑生产力，是数字经济发展的核心；数字化治理引领生产关系的深刻变革，是数字经济发展的保障；数据价值化重构生产要素体系，是数字经济发展的基础。

在经济层面，数字化和智能化工具的引入，不仅提高了劳动生产率，还通过人与机器的重新分工，创造了新的价值增长点，实现了"降本、增效、提质"。在供给端，数字经济通过增加数字产业化的投入，促进劳动生产率及资本回报率的提升，推动经济发展实现"质"的跃升。在市场端，数字经济通过有效发挥市场作用，吸引市场主体充分参与竞争，推动进一步释放经济发展活力。在需求端，数字经济通过发挥数字投资利率弹性与数字消费收入弹性，有效扩大市场需求，推动经济发展实现"量"的扩张。根据《中国数字经济发展研究报告（2024年）》，从以下几个方面介绍中国数字经济发展的情况。一是扩量方面，数字经济规模扩张稳步推进。2023年，我国数字经济规模达到53.9万亿元，增幅扩张步入相对稳定的区间。二是增效方面，数字经济在国民经济中的地位和作用进一步凸显。2023 年，我国数字经济占 GDP 比重达到 42.8%，数字经济有效支撑经济稳增长。三是提质方面，数字经济融合化发展趋势进一步巩固。2023 年，数字产业化、产业数字化占数字经济的比重分别为 18.7% 和 81.3%，数字经济的赋能作用、融合能力得到进一步发挥。四是挖潜方面，数字经济和实体经济融合发展持续拓展深化。2023 年，我国第一产业、第二产业、第三产业数字经济渗透率分别为 10.78%、25.03% 和 45.63%。五是区域方面，综合实力较强的地区彰显数字经济发展活力。自 2023 年以来，经济基础较好、科技创新能力较强的地区，数字经济发展的规模经济和范围经济效应得到了充分释放，地区数字经济实现了更快、更好、更有韧性的发展。

在产业层面，数字化是建设现代化产业体系的应有之义。纵观人类社会现代化发展历程，现代化建设的核心是建设现代化的产业体系，加快建设以实体经济特别是以制造业为支撑的现代化产业体系，是实现中国式现代化的重要内容。一方面，数字化助力传统产业再造新优势。传统产业是现代化产业体系的根基，通过将数字技术广泛应用于制造过程、制造企业和制造业产业链供应链中，不断提高生产效率和产品附加值，创新业务模式，推动传统产业向产业链、价值链的中高端迈进。另一方面，数字化助力培育壮大新兴产业。新兴产业是现代化产业体系的重中之重。数字技术的应用不断丰富传统制造业的应用场景，促进了传统产业链之间、传统产业与新兴产业之间、传统制造业与现代服务业之间的融合，催生出一系列新业态、新模式，带动新能源、新材料、高端装备、生物医药等新兴产业的快速发展和壮大。

在企业层面，数字化能够帮助企业实现降本增效、提高产品和服务质量，它以用户为中心，对用户体验进行重构，同时带来新的产品和服务、商业模式和价值增长点。数字化还能够推进产业链上下游协同效率的提升，助力产业间实现跨界融合和生态化发展，进一步优化产业资源配置。第一，数字化打通了企业"信息孤岛"、释放了数据价值。信息化是指充分利用信息系统，将企业的生产、事务处理、现金流动、客户交互等业务过程，加工生成相关数据、信息、知识，用于提高业务效率，信息化生成的往往是一种条块分割、烟囱式的应用，而数字化则是利用新一代信息通信技术，通过对业务数据的实时获取、网络协同、智能应用，打通了企业"信息孤岛"，让数据在企业系统内自由流动，数据价值得以充分发挥。第二，数字化以数据为企业核心生产要素。数字化要求将企业中所有的业务、生产、营销、客户等有价值的人、事、物全部转变为以数字形式存储的数据，形成可存储、可计算、可分析的数据、信息、知识，并和企业获取的外部数据一起使用，通过对这些数据进行实时分析、计算、应用来指导企业生产、运营等各项业务。第三，数字化改变了企业的生产关系，提升了企业的生产力和效益。数字化让企业从传统的部门分工转向网络协同的生产关系，从传统的层级驱动转向以数据智能化应用为核心的驱动方式，生产力得到指数级提升。数字化转型使企业能够实时洞察各类动态业务中的一切信息，及时作出最优的决策。数字化帮助企业实现资源的合理配置，适应瞬息万变的市场经济竞争环境，实现最大的经济效益。

1.2　绿色化的理论基础

1.2.1　绿色化的概念与内涵

绿色是生命的象征、大自然的底色，良好的生态环境是美好生活的基础，也是人民共同的期盼。狭义的绿色，侧重生态环保；广义的绿色，涵盖节约、低碳、循环、生态环保、人与自然和谐共生的生态文明制度体系等，本书所指的绿色是广义的绿色。绿色化是指人们的生活方式、企业的生产和发展方式、政府部门的管理和治理方式转变成"绿色"的过程。绿色代表一种理念、价值观、文化、追求、目标和状态，绿色化是经济社会发展的方向、目标，也是状态、结果、评价的标准。绿色发展是绿色化在发展模式上的体现，强调经济活动和结果的绿色化。绿色化是比绿色发展要求更高的概念，赋予生态文明建设新的内涵。

从绿色与发展的辩证关系来看，绿色与发展并非对立，而是相互统一的关系，二者不能割裂，而是相互影响、相互作用、互为因果的"互动关系"。发展体现为效率、效益或竞争力的提升，而绿色与发展同等重要，其核心并非否定发展，而是转变发展方式，在发展中落实绿色低碳，以绿色低碳促发展，以产业的"含绿量"提升发展的"含金量"。

与"绿色"相关的表述还有"低碳""循环""可持续"等。绿色发展、循环发展、低碳发展和可持续发展是相辅相成、相互促进的，构成一个有机整体。绿色发展是发展的全面要求和转型主线；循环发展侧重于资源产出率，是提高资源利用效率的途径；低碳发展侧重于碳强度的降低，是能源战略调整、降低碳排放的需要；可持续发展涉及自然、环境、社会、经济、科技、政治等诸多方面。它们的目标都是形成节约资源能源和保护生态环境的产业结构、生产方式和消费模式，促进生态文明建设。从内涵来看，绿色发展涵盖循环发展和低碳发展的核心内容，循环发展、低碳发展则是绿色发展的重要路径和形式，可持续发展的内涵更宽泛。绿色发展的内涵并非一成不变的，在要实现碳达峰、碳中和目标的背景下，为了突出"碳"，"绿色低碳发展"的表述则更多一些，更契合新发展阶段的时代背景。

　　绿色低碳发展道路是资源能源消耗低、环境污染和碳排放量少、科技含量高、经济效益好的中国式现代化道路。其特征是低消耗、低能耗、少排放、高效率、高效益、经济发展与环境保护相协调。绿色低碳发展本质上是一种经济社会发展模式，是经济社会发展到一定阶段的必然选择。其核心目的是突破资源环境承载力的约束，谋求经济增长与资源环境保护的和谐统一，实现经济发展与环境保护双赢、人与自然和谐共生。

1.2.2　绿色化的演进脉络

　　国际上，工业化国家经历了发展与资源、环境、生态之间矛盾十分尖锐的阶段。20 世纪 50 年代至 90 年代，人类社会的经济发展为传统经济的发展模式。1972 年 6 月 16 日，《联合国人类环境会议宣言》于瑞典斯德哥尔摩通过，标志着人与环境和谐共生的观念开始在全球范围内萌芽。在 20 世纪 90 年代至 21 世纪初，国际上逐渐形成了循环低碳的经济发展模式。1992 年 5 月，《联合国气候变化框架公约》通过，它不仅为国际社会合作应对气候变化奠定了坚实的法律基础、成为全球气候治理的基石，还标志着人类在应对全球气候变化、减少温室气体排放方面达成了全球共识，标志着全球气候治理时代正式到来。随着绿色发展理念逐渐深入人心，发达国家及不少发展中国家纷纷制定和推进以应对气候变化、向低碳经济转型为核心内容的绿色发展规划，试图通过绿色经济和绿色新政，在新一轮经济发展进程中促进经济转型，实现自身的可持续发展。并且，在欧美等发达国家或地区完成工业化后，旧经济模式已经没有足够的发展空间和竞争优势，世界各国或地区都在寻求新的经济增长点，低碳经济正成为发达国家参与国际竞争的新战略。国际绿色发展理念的发展历程如图 1-1 所示。

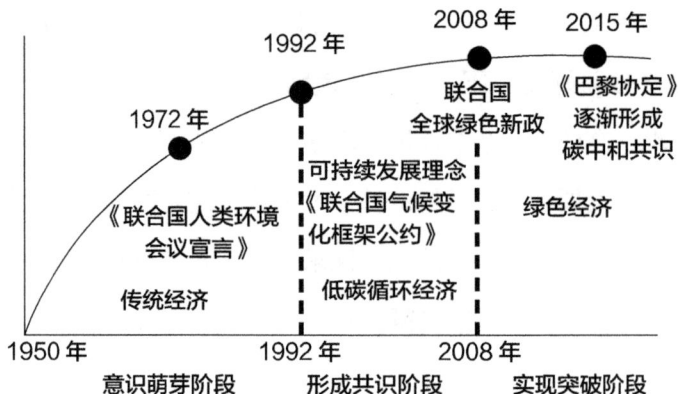

图 1-1 国际绿色发展理念的发展历程

　　我国资源保护、环境保护、生态保护与社会经济发展之间的平衡问题十分尖锐，面临的资源环境形势比发达国家更为复杂和严峻。纵观历史，我国的绿色发展经历了一个由初级到高级、由简单到复杂的演进过程，从"经济增长"到"可持续发展"，从"行政手段"到"行政手段与市场手段结合"，均是在对传统发展模式总结和反思的基础上形成的，是以实现以人与自然和谐共生为特征的发展模式。从污染物排放减少、环境质量改善与经济增长间的关系来看我国治污减排的进程，我国在 2010—2020 年的治污减排情况相当于经济合作与发展组织（OECD）成员在20世纪70年代的"环境保护10年"（在该阶段，治污减排和污染治理体系发生深刻变化），我国的污染物排放、碳排放将渐次达峰，经济增长与其脱钩。我国绿色产业政策发展脉络可大致分为4个阶段，政策基调从"以经济发展为主"逐渐向"绿色低碳发展"过渡，具体措施从"以纲领性政策为主"向"行政与市场双轮驱动"转变。我国绿色发展理念的发展历程如表 1-1 所示。

表 1-1　我国绿色发展理念的发展历程

发展阶段	战略方向	具体措施
第一阶段： 重发展轻环保 （1978—2001 年）	"九五"计划将可持续发展战略列为国家基本战略	20 世纪 80 年代，探索建立排污许可制度； 制定能源利用监测规范性文件
第二阶段： 政策萌芽阶段 （2002—2011 年） 提出科学发展观	我国在 2003 年党的十六届三中全会上正式提出了科学发展观。在这一阶段，绿色产业节能减排的管理模式逐渐由"事后治理"转向"事前监督"，产业政策以纲领性和命令型政策为主。2006 年，节能减排作为约束性指标被首次写入"十一五"规划	制定发布节能、环保、污染防治推广目录； 2005 年，首次发布《产业结构调整指导目录》； 制定能耗限额、污染物排放强制性国家标准； 开展循环经济、低碳省区和低碳城市试点工作
第三阶段： 政策发展阶段 （2012—2019 年） 提出生态文明建设	2012 年，党的十八大首次将"推进绿色发展、循环发展、低碳发展"作为生态文明建设的着力点。行政手段与市场手段结合	工业节能监察管理制度基本建立； 开始绿色制造体系建设； 印发《绿色产业指导目录》； 发布 24 个行业的温室气体排放核算方法与报告指南，建立碳排放监测、报告、核查（MRV）制度和开展地方碳交易试点
第四阶段： 向碳中和目标迈进 （2020 年至今） 提出"双碳"目标	2020 年提出"双碳"目标，以降碳为重点战略方向，减污降碳协同增效，推动从能耗双控向碳排放双控转变	发布工业、钢铁、石化等行业碳达峰实施方案； 印发《绿色技术推广目录》，更新环保装备、能耗标杆水平和基准水平，修订《产业结构调整指导目录》； 制定碳达峰碳中和标准体系； 2021 年，全国碳排放权交易市场开市； 2023 年，重启全国温室气体自愿减排交易市场，印发《温室气体自愿减排项目方法学 造林碳汇（CCER-14-001-V01）》等 4 项方法学； 开展减污降碳协同创新城市 / 园区试点，推进碳达峰试点城市和园区建设； 加快建立产品碳足迹管理体系； 启动绿证、绿电交易……

　　第一阶段：重发展轻环保（1978—2001 年）。1992 年，我国引入可持续发展理念，并在《中共中央关于制定国民经济和社会发展"九五"计划和2010 年远景目标的建议》中将可持续发展战略列为国家基本战略。但是此时

我国的主要任务是经济增长和产业发展，对环境保护的重视不足，产业政策以战略性政策为主，缺乏精细化的政策指导。

第二阶段：政策萌芽阶段（2002—2011年）。我国在2003年党的十六届三中全会上正式提出了科学发展观，经济与环境协调发展问题被提上议程。在这一阶段，绿色产业节能减排的管理模式逐渐由"事后治理"转向"事前监督"，产业政策以纲领性和命令型政策为主。

第三阶段：政策发展阶段（2012—2019年）。2012年，党的十八大首次将"推进绿色发展、循环发展、低碳发展"作为生态文明建设的着力点，成为向绿色化转型的开端。2015年，党的十八届五中全会将绿色发展作为新发展理念之一，标志着我国对环境保护的认识由"以解决经济发展的环境负外部性"的从属定位转变为"引领新的发展模式"的主动性战略。

第四阶段：向碳中和目标迈进（2020年至今）。2020年"双碳"目标被提出后，主要以政府与市场"双轮驱动"的方式推动我国绿色发展，政策在金融和产业两端加码发力，其中产业政策体系的构建仍然处于初级阶段，顶层"1+N"政策体系基本构建。

1.2.3　绿色化的核心内容

绿色是新发展理念的重要内容。在"五位一体"总体布局中，生态文明建设是其中"一位"；在新发展理念中，绿色是其中一项；在三大攻坚战中，污染防治是其中一战；在全面建成社会主义现代化强国的目标中，建设美丽中国是其中的重要组成部分。2020年9月"双碳"目标的提出，标志着我国生态文明建设进入以"降碳"为重点战略方向的新阶段。

绿色化是形成绿色生产力的重要过程，发展绿色生产力就是发展新质生产力。首先，绿色是新质生产力的鲜明特征。新质生产力必须也必然具备绿色的特征。如果一种新的生产方式或组织模式，在提高产出的同时，在全生命周期和全要素维度上增加了能源资源消耗和导致了生态环境被破坏，那它必然无法满足"全要素生产率大幅提升"的要求，不属于新质生产力。其次，绿色是发展新质生产力的根本导向。发展新质生产力必须坚持绿色发展这一重大原则和根本导向，将绿色低碳要求贯穿于高质量发展的全过程和各方面，统筹处理好高质量发展和高水平生态环境保护之间的关系，构建绿色低碳循环经济体系，促进经济社会发展的全面绿色转型，绝不能回到追求粗放扩张、低效发展的老路上。最后，绿色是发展新质生产力的必然结果。发展以绿色为鲜明特征的新质生产力，是解决我国资源环境生态问题的治本之策。在现阶段，我国化石能源和传统产业占比仍较高，能源资源利用效率与国际先进水平相比还存在差距，我国必须大力发展新质生产力，变革发展动能、创新发展方式，加快建设人与自然和谐共生的现代化产业体系。

绿色化主要体现在生产方式和生活方式上。要走绿色发展道路，让资源节约、环境友好成为主流的生产、生活方式。要加快构建绿色循环低碳发展的经济体系，在全社会倡导简约适度、绿色低碳的生产方式和消费模式。一方面，把推进生产方式绿色化作为关键，协同推进新型工业化、信息化、城镇化和农业现代化，加快传统产业绿色转型升级，大力培育绿色发展新动能；另一方面，把推进生活方式绿色化作为重要突破口，牢固树立绿色消费意识，在生活过程中积极践行绿色发展理念，要求社会公众深度参与生态文明建设。

工业经济的大规模发展必然以大量能源资源的消耗为基础，并伴随着诸多污染物的排放和负面环境影响。经济发展、能源资源、环境保护/污染物和碳排放三者构成了经济发展的"金三角"。为了减少对环境的污染与破坏，需要对能源资源进行减量或替代，优化能源结构、产业结构，进而提高效率、增加效益，即减量／替代、提质、增效构成了经济发展的"绿三角"。"金三角"与"绿三角"的耦合，形象地描绘了绿色低碳发展的内在逻辑，而绿色化的最终目标是推动中国式现代化建设，形成新质生产力，实现碳达峰碳中和目标，促进人与自然的和谐共生，如图1-2所示。

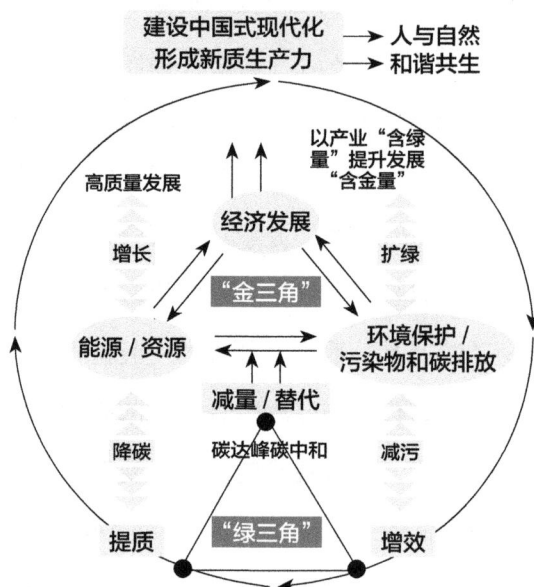

图 1-2　绿色低碳发展的内在逻辑："双三角（金／绿）"耦合关系

1.3　数字化与绿色化融合发展的理论框架

1.3.1　数字化与绿色化融合发展的内涵与特征

数字化与绿色化融合发展的内涵，是指在推进新时代生态文明建设的过程中，以数据资源作为关键生产要素，以新型通信技术融合应用、全要素数字化转型为重要推动力，以现代信息网络为重要载体，以减污降碳扩绿增长为重要抓手，不断破除数字化与绿色化之间的技术壁垒，绿色经济与数字经济两大领域互相促进、协同发力，共同推动经济社会高质量发展，不断提高经济社会的数字化、绿色化、先进化水平，实现经济效益与生态效益、社会效益共赢的经济增长方式。

数字化与绿色化是全球经济社会转型发展的两个重要趋势，但两者不是孤立的，而是相互关联、相互补充、相互促进、相辅相成的，形成"1+1>2"的整体效应。一方面，数字技术应用于绿色经济领域，能够有效促进实现节能减排目标，助力应对全球气候变化；另一方面，绿色经济理念能够降低数字经济自身的碳排放水平，帮助数字经济实现环境友好型的可持续发展。数字化是绿色化和经济社会高质量发展的途径和手段，绿色化则是数字化和经济社会高质量发展的底色和目标。数字化是实现目标的手段，而绿色化是最终追求的目标。数字化通过放大、叠加、倍增的作用，为经济社会发展提供了强大的动力。绿色化则为数字化和经济社会发展指明了方向，确保发展过程符合可持续发展的要求。中国式现代化进程推动了数字技术和绿色技术的不断进步，同时也要求我们在数字化转型和经济社会发展中践行绿色发展理念，实现高质量发展与可持续发展的有机统一。

在数字化与绿色化融合的初级阶段，数字化与绿色化在政策上、技术上、目标上都是独立的，从各自独立发展，到互动发展，再到双向奔赴、协同转型，从而促进经济社会发展；在数字化与绿色化融合的高级阶段，数字技术对产业绿色低碳转型的赋能，也逐步从单点、局部向多领域、多环节拓展与深化，在助推产业绿色化发展、助力实现碳达峰碳中和方面，发挥着越来越重要的作用。这时的数字化与绿色化不再是两个独立的个体，它们将在目标上、技术上全方位深度融合、双向奔赴，共同促进经济社会高质量发展，建设人与自然和谐共生的中国式现代化，如图1-3所示。

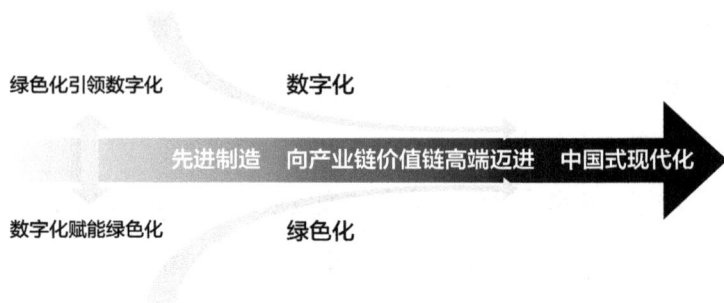

图 1-3　数字化与绿色化及中国式现代化的逻辑关系

数字技术在碳排放、碳移除和碳管理方面发挥着重要作用。碳中和主要包括碳排放、碳移除。如果碳排放和碳移除相等，即可实现碳中和，在这个过程中始终伴随着碳管理，如图 1-4 所示。碳排放包括能源供给和能源消费，能源供给又包括传统能源供给和清洁能源供给。对于传统能源供给而

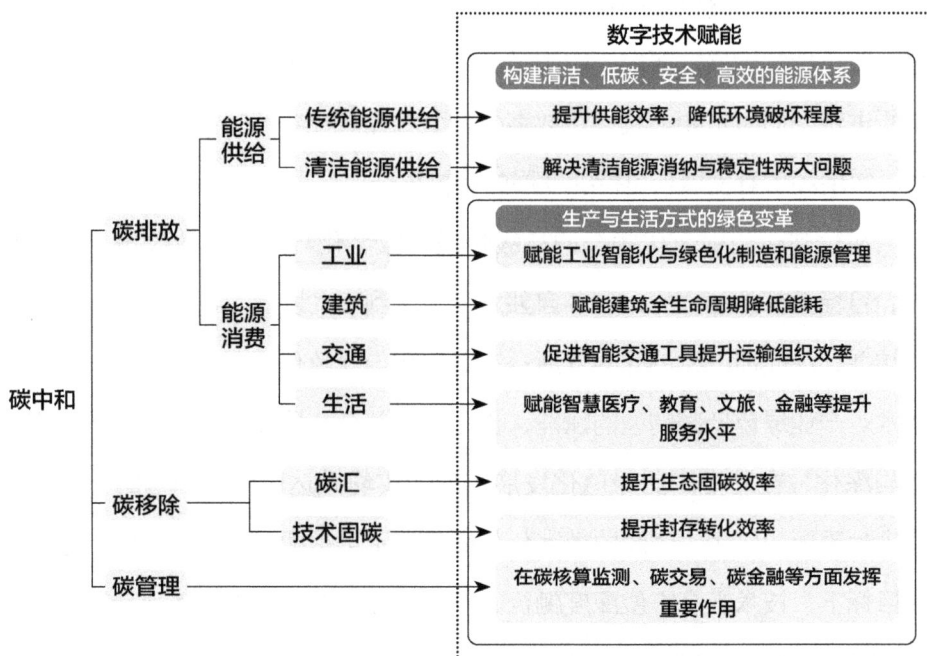

图 1-4　数字技术赋能碳排放、碳移除、碳管理

言，数字技术的应用可以提升供能效率，降低环境破坏程度；对于清洁能源供给而言，数字技术的应用帮助解决清洁能源消纳与稳定性两大问题。能源消费则涉及工业、建筑、交通和生活等领域，数字技术赋能工业智能化与绿色化制造和能源管理，赋能建筑全生命周期降低能耗，促进智能交通工具提升运输组织效率，赋能智慧医疗、教育、文旅、金融等提升服务水平。在碳移除方面，数字技术的应用提升生态固碳效率和封存转化效率。在碳管理方面，数字技术在碳核算监测、碳交易、碳金融等方面也发挥着重要作用。数字技术的应用助力构建清洁、低碳、安全、高效的能源体系，加快实现生产与生活方式的绿色变革。

数字化与绿色化融合发展呈现出以下几个特征。一是协调性，数字化与绿色化融合发展是经济社会、数字经济、生态环境"三位一体"的新型发展模式，是人与自然的和谐发展，是安全高效的发展，需要协调经济社会发展、数字经济发展、能源禀赋、资源环境承载力等多方面，从而促进经济社会发展和生态环境改善的良性互动，实现绿色富国和绿色惠民。二是系统性，从行业层面来看，数字化与绿色化融合发展既涉及传统高耗能行业，也涉及节能环保、新一代信息技术等战略性新兴行业。从具体措施来看，数字化与绿色化融合发展是一项系统性复杂工程，各方在注重经济环境等方面均衡发展的同时，需要在不同层面上，统筹考虑不同内容，稳步有序推进数字化与绿色化融合发展。三是先进性，数字化是我国经济增长的新动能和关键支撑，也是实现先进制造、构建现代化工业体系的重要途径；绿色化是制造业向高端发展的必然选择，更是全球经济竞争的制高点。数字化与绿色化是我国经济发展的主旋律，二者融合发展促进新产业、新业态和新模式的不断涌现，推动形成一批先导性产业，引领经济社会绿色高质量发展。四是动态性，在经济社会发展的不同阶段、在实现碳达峰碳中和目标的不同进程中，数字化与绿色化融合的需求和所面临的问题也是不一样的，因此，数字化与绿色化融合发展的工作思路和政策举措不是一成不变的，不能用固化的视角来看待，需要根据两者融合发展的阶段、实践的深入、认识的升华而不断地丰富和完善工作思路和政策举措。五是长期性，数字化与绿色化融合发展不是一朝一夕的事情，而是一项长期的综合性战略任务，不可能一蹴而就，需要持续推进。要立足当前、着眼长远、有计划、有步骤、有重点、分层次、多角度地推进数字化与绿色化融合深度发展，坚持科学运筹、顶层设计，助力实现中国式现代化。

1.3.2　数字化与绿色化融合发展的演进脉络

数字化与绿色化融合发展是一个由初级到高级、由简单到复杂、由协同到融合的螺旋式上升过程，采用以实现人与自然和谐共生、经济高质量可持续发展为特征的发展模式。它可以分为以下 4 个阶段，经济社会发展的底色由"浅绿"逐渐向"深绿"演进，如图 1-5 所示。

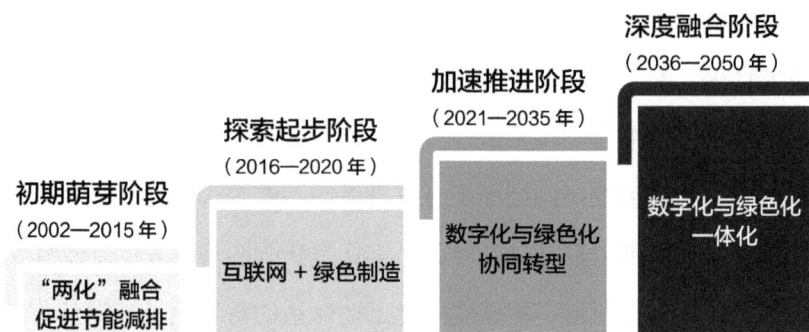

深度融合阶段
（2036—2050 年）

加速推进阶段
（2021—2035 年）

探索起步阶段
（2016—2020 年）

初期萌芽阶段
（2002—2015 年）

"两化"融合促进节能减排

互联网＋绿色制造

数字化与绿色化协同转型

数字化与绿色化一体化

图 1-5　数字化与绿色化融合发展的阶段

1. 初期萌芽阶段（2002—2015 年）："两化"融合（信息化和工业化融合）促进节能减排

我国在 2003 年党的十六届三中全会上正式提出了科学发展观，经济与环境协调发展问题被提上议程。2007 年，党的十七大明确提出，要加快转变经济发展方式，这是我国开启绿色发展的重大进步。在数字经济方面，我国早期的探索主要集中于信息化建设和电子商务领域发展。在这一阶段，数字化与绿色化融合发展的理念和政策还处于萌芽阶段，局限在"两化"融合层面。《2010 年工业节能与综合利用工作要点》《工业领域应对气候变化行动方案（2012—2020 年）》《工业节能"十二五"规划》等文件均提到"两化"融合促进节能减排。

2. 探索起步阶段（2016—2020 年）：互联网＋绿色制造

2015 年，党的十八届五中全会把绿色发展作为新发展理念之一。2018 年，第十三届全国人民代表大会第一次会议通过的宪法修正案把新发展理念、生态文明和建设美丽中国的要求写入宪法。数字经济在这一阶段迈入了成熟期，发展数字经济逐步上升至国家战略高度。在这一阶段，工业占 GDP 的比重持续下降，形成了较为完善的产业体系。工业和信息化部印发《工业绿色发展规划（2016—2020 年）》，其十大主要任务之一是实施绿色制造＋互联网，提升工业绿色智能水平。工业和信息化部、国家发展和改革委员会等部门联合印发《绿色制造工程实施指南（2016—2020 年）》，其基本原则之一就是积极应用信息网络技术和大数据等先进手段，在各行业、大中小企业全面推行绿色制造，加快构建绿色制造体系。

3. 加速推进阶段（2021—2035 年）：数字化与绿色化协同转型

随着碳达峰碳中和目标的提出，国家对于工业发展过程中的生态环境因素的重视程度达到了前所未有的高度。在数字经济方面，《中华人民共和国国民经济和社会发展第十四个五年规划和 2035 年远景目标纲要》提出，加快数字化发展，建设数字中国。数字经济已成为我国重要的战略部署和发展方向，成为我国经济实现转型、高质量发展的创新驱动力。与此同时，数字化与绿色化融合发展明显提速，并上升到国家战略高度。我国碳达峰碳中和"1+N"政策体系提出，要推进数字化、智能化、绿色化融合发展。《"十四五"工业绿色发展规划》将加速生产方式数字化转型列为六大转型行动之一。在这一阶段，我国将从工业化后期向后工业化阶段过渡，高耗能产品产量逐步达到峰值并进入平台期，产品综合能效进一步提高。数字化与绿色化的协同作用将进一步深化，共同推动绿色高质量发展。

4. 深度融合阶段（2036—2050 年）：数字化与绿色化一体化

在这一阶段，我国碳排放量突破平台期拐点，开始呈现加速下降态势，并为实现碳中和做好攻坚准备，经济结构持续优化，经济质量效益和核心竞争力显著提升。在工业、建筑、交通、能源、电力等领域，数字化与绿色化融合发展技术实现规模化应用，能效水平全球领先，经济增长与碳排放逐渐脱钩。在这一阶段，数字经济蓬勃发展，数字化与绿色化融合发展的主题是全面智能化、数字化、网络化和低碳化，数字化与绿色化将全方面、全过程深度融为一体，很难区分是数字化的贡献，还是绿色化的贡献。

1.3.3　数字化与绿色化融合发展的思路框架

数字化与绿色化融合发展是高质量发展的内在要求和必然路径，数字化与绿色化融合发展的思路框架可以概括为"1 个目标、4 个层面、4 个方向"。
1 个目标是实现高质量发展,具体是从政府和产业两个维度的"国家、区域、
行业和企业"4 个层面实施融合,重点突破管理和质量两个方面的"战略、
人才、技术和业务"4 个发展方向。这从整体上构成了数字化与绿色化融合
发展的"四梁八柱",抓住重点领域和关键环节,找准数字化与绿色化融合
发展的着力点和支撑点,为数字化与绿色化融合发展行稳致远夯基筑台、立
柱架梁,如图 1-6 所示。

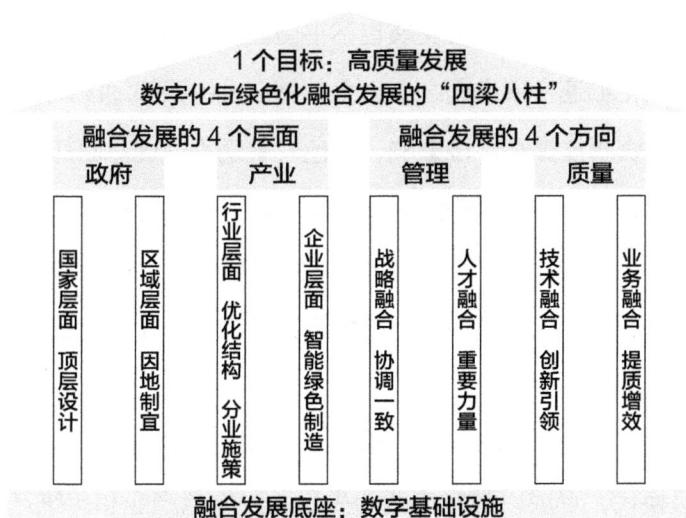

图 1-6　数字化与绿色化融合发展的思路框架

1. 融合发展的 4 个层面

国家层面:顶层设计。数字化与绿色化融合发展是构建新发展格局的
战略选择和关键支撑。国家层面应为数字化与绿色化融合发展描绘蓝图、
提出战略指引,要高瞻远瞩洞悉未来的发展趋势和变化,顺应数字化与绿
色化融合发展的大趋势,不能简单模仿、照搬国际上的做法,而是要根据
我国的发展阶段、产业数字化与绿色化状况、数字产业化与绿色化程度、

资源能源禀赋，探索符合我国国情的发展方式与融合模式，不断推进经济社会发展的高级化和现代化，为我国经济社会高质量发展开辟更为广阔的空间。

区域层面：因地制宜。数字化与绿色化的融合不仅需要在国家和行业的发展战略中体现，更要落实到区域层面。区域在政策措施的实施中具有独特的作用和重要的影响，因此需要通过"上下联动"的方式推动数字化与绿色化融合发展。我国国土辽阔，各地区域经济发展情况、产业布局和能源禀赋等不同，绿色经济和数字经济发展也不平衡。东部地区经济较发达，其他地区仍处于工业化加速发展进程之中，尤其是广大中西部地区既要大力发展经济，又要考虑资源能源和环境影响，绿色发展任重道远。西部地区可再生能源丰富，"东数西算"工程将东部算力需求有序引导到西部，促进东西部协同联动。我国区域数字经济呈现南优北劣、"东高、中平、西低"梯度分布的发展特征。因此，在区域层面，因地制宜推进数字化与绿色化融合发展至关重要。

行业层面：优化结构、分业施策。数字化与绿色化融合发展能够使产业结构升级换代，形成以数字产业为先导、以绿色产业和传统产业为支撑、服务业全面发展的新局面，可催生、衍生出新模式、新业态、新架构，引发生产关系的变革，促使经济增长方式从粗放型向资源能源节约型、环境友好型转变，推进经济向数字经济、绿色经济过渡，建立现代化的工业生产体系。能源电力业、交通业、建筑业及工业内部不同的细分行业门类，应根据不同行业发展特点分业施策。另外，绿色低碳转型仍需解决成本和效率的问题，数字化对绿色发展的赋能作用恰好体现在节本、增效、提质上。数字化与绿色化融合发展能够推动我国制造业向高端化、智能化转型，促进产业结构更高级、更合理。

企业层面：智能绿色制造。数字化与绿色化融合发展最终要由各行业的大中小微企业实施落实。数字化与绿色化在企业层面的融合，一种形式是数字企业与工业、交通、建筑等各领域企业合作，另一种形式是各领域企业内部成立数字化转型、绿色发展的部门来实现数字化与绿色化融合发展。这两种形式的融合，目标都是节能、降本、增效、提质。数字企业要多了解绿色经济；各领域企业也要尽快熟悉、掌握信息技术，增强数字化、绿色转型的积极性，这两种企业要跨界融合、优势互补，找到数字化与绿色化融合发展的突破口，抢抓新机遇，拓展新发展空间，充分挖掘数据在促进绿色发展方面的价值，利用数字技术助力千行百业实现绿色转型，促进企业生产方式的绿色精益化、能源管理的绿色智慧化、资源利用的绿色循环化，打造智慧绿色工厂、交通和建筑。

2. 融合发展的 4 个方向

战略融合：协调一致。数字化与绿色化发展战略的融合，即数字化发展战略与绿色化发展战略要协调一致，数字化发展模式与绿色化发展模式要高度匹配，数字化发展规划与绿色化发展规划要密切配合。在宏观层面，国家各相关部门结合我国能源电力、工业、建筑、交通等领域发展的实际情况，制定数字化与绿色化深度融合发展的联合战略，发布相关纲领文件，为数字化与绿色化融合高质量发展提供有力支撑。在中观层面，各领域数字化与绿色化转型涉及多区域、多行业，流程复杂，其发展战略需要多方协调、互相配合。产业各方要把数字化与绿色化融合发展纳入行业或区域发展规划，为数字化与绿色化融合发展聚集、筹措各类资源和保障，破除数字化与绿色化融合发展的障碍。在微观层面，企业应充分认识数字化与绿色化融合发展的必然趋势，将其作为创新发展模式和引领先进制造的第一动力，确立数字化与绿色化融合发展方向，以数字技术与"绿色手段"深度融合为主线，在数字化转型战略中落实绿色化发展战略，加快推进智能绿色制造进程，激励企业不断实现核心技术的突破。

人才融合：重要力量。数字化与绿色化在人才上的融合，即需要培养具备数字技术专业技能和绿色低碳环保领域知识的综合性、高素质人才，从而能够准确判断外部环境的影响及未来发展的方向，及时推进数字化与绿色化融合，并做好数字化与绿色化融合发展的战略规划工作。在业务需求方面，数字化与绿色化融合不仅涉及数字技术与绿色技术的开发应用，还需要针对不同类型企业需求提供定制化服务，因而需要掌握模型算法、数据分析、碳资产管理等多样化技能的人才，以及具备推动数字化与绿色化深度融合能力的复合型、交叉型人才。在专业培养方面，构筑人才优势是推动数字化与绿色化融合发展的重要力量。企业通过专业授课和实践指导，将理论与实践结合，提高人才培养效率，逐步实现所需人才的储备与积累，形成具有数字化与绿色化深度融合能力的专业技术人才队伍，从而提升数字化与绿色化融合能力，助力经济社会绿色发展。

技术融合：创新引领。数字技术与绿色技术的融合，即以数字技术应用为重点，以绿色制造为方向，对企业研发设计、生产流程进行再造，实现智能绿色制造。在能源技术方面，云计算、大数据、区块链等数字技术与绿色技术的融合应用，加快了适应高比例可再生能源发展的新型电力系统的构建，提升了智慧能源产业的整体水平，加速了低碳能源替代高碳能源、可再生能源替代化石能源的进程。在节能降碳技术方面，传统制造企业在智能制造工厂的建设过程中践行绿色低碳理念，形成了智能绿色制造体系。其通过部署工业互联网、边缘计算、云计算等数字技术赋能绿色低碳技术装备，助力提升装备运行效率、优化生产方案、改进工艺工序，推进了工业行业节能降碳工作的开展。在环保技术方面，数字智能设备与绿色低碳技术装备的融合，极大地节约了材料、能源等不可再生资源。企业通过对钢铁、有色金属、建材、石油化工等重点行业的有毒、有害物质和污染排放进行联网监测与分析，在提高资源、能源利用效率的同时也提高了环保综合效益。

业务融合：提质增效。数字化与绿色化在业务上的融合，即以绿色化为业务发展方向，加快企业在生产、经营、管理、服务等方面的数字化水平，抓住业务发展需求，在不断革新中提高核心竞争力。在生产制造方面，以数字化设备为基础，围绕绿色创新研究和开发设计、工艺管理和加工制造、过程协同和质量控制、物料配送和产品管理等生产制造关键环节推进数字化转型，以提高生产制造全过程的工作效能。在资源配置方面，以绿色化理念为基础，围绕外部协作、内部计划、及时响应等关键环节推进数字化，以提高业务市场的响应效率。在运营服务方面，以数字化管理为基础，围绕产品市场与客户关系、人力资源与资本运作、发展战略与风险管理等关键环节推进绿色供应链管理体系建设，实现管理服务绿色智能化，提高业务管理水平和决策科学化水平。

1.4 数字化与绿色化融合发展的重要意义

1.4.1 促进可持续发展和数字生态文明建设

数字化与绿色化融合发展是可持续发展的重要趋势。近年来，全球应对气候变化的形势日益严峻。根据《美国气象学会公报》发布的第 34 次年度气候状况报告——《2023 年气候状况》，2023 年温室气体浓度、全球陆地和海洋温度、全球海平面和海洋热含量都创下历史新高，2023 年成为有记录以来最温暖的一年，全球地表年平均气温比 1991—2020 年平均值高出 0.55～0.60℃。温室气体浓度升高加剧气候变化，引发陆地和海洋温度升高、海平面上升、冰川融化等问题，同时导致极端天气事件更加频繁。应对气候变化、加快绿色低碳发展，不仅是当今世界各国共同面临的严峻挑战，也是我国实现人与自然和谐共生的现代化、建设美丽中国的内在要求。利用数字技术积极推动绿色低碳转型发展，是探索资源节约型、环境友好型绿色发展道路的关键发力点，尤其是在"双碳"目标下，积极推动数字化与绿色化融合发展，将通过数字技术的强大纽带加速人与生态环境的友好协调发展，助力实现经济建设与生态文明建设的双赢。

数字化与绿色化融合发展是生态文明建设的新动力源。当今世界，新一轮科技革命和产业变革深入发展，作为新时代对经济社会影响力最大、影响面最广、影响时间最长的现代科学技术，数字技术是生态文明建设的"助推器"。人工智能、大数据等数字技术对生态治理和绿色低碳发展起到了加速作用，推动生态文明建设步入数字时代，数字化助力生态环境协同治理、探索生态文明管理决策创新是推动生态文明建设的必由之路。数字化和绿色化融合发展是经济社会高质量发展的"主旋律"，以数字化促进生态文明建设，必将推动经济社会发展全面绿色转型，为人与自然和谐共生提供有力支撑。

数字化与绿色化融合发展是建设绿色智慧的数字生态文明的重要组成部分，也是经济社会高质量发展、实施数字中国战略的重要举措。数字生态文明建设通过将大数据、5G、人工智能等数字技术与生态文明建设深度融合，不断提升生态文明建设的科学化、精细化、智能化水平。生态文明建设是人类文明发展和社会进步的基础，是关系中华民族永续发展的根本大计。2023 年 7 月，全国生态环境保护大会强调："深化人工智能等数字技术应用，构建美丽中国数字化治理体系，建设绿色智慧的数字生态文明。"国家要以生态产业数字化推进绿色低碳转型、以数字驱动加快生态产品价值实现、以数智化提升生态环境治理水平、以协同融合放大数字化与绿色化之间的双向共进效应、以数字生活引领公众绿色低碳新风尚，数字生态文明依托数字科技力量与生态文明建设融合创新，为建设人与自然和谐共生的中国式现代化指明了新方向，对实现经济转型升级和高质量发展、加快绿色低碳发展意义重大，不仅助力我国生态文明建设，还能引领全球生态环境治理、共享绿色发展成果。

1.4.2 推动新质生产力建设

数字化与绿色化融合发展是加快形成新质生产力的迫切需要。随着新一代信息技术革命与产业变革的加速演进，数字技术与千行百业融合向纵深发展，数字经济和绿色经济融合领域的国际竞争日趋激烈。新质生产力顺应了全球绿色转型的潮流和趋势，本身就具备绿色的内在特征。要把握未来发展的主动权，加快形成新质生产力，就要大力推动人工智能、物联网等数字技术与绿色低碳产业深度融合，培育壮大新能源、新材料、先进制造等新兴产业，积极培育未来产业，加快形成更强大的资源配置能力、更先进的生产制造能力和更高效的生产组织体系。数字化与绿色化融合发展表现为在提高创新效能、改进生产力与生产关系的同时，还要兼顾改善生态环境、提升创新活动可持续性，不仅要注重数字技术与绿色科技在创新应用场景和功能发挥上的互相渗透，还要侧重在特定产业、政策等方面的深度融合，是创新体系多层级协同的系统性过程。数字化与绿色化融合发展在科技层面的耦合，能够进一步产生新的科学发现、新的制造技术及新的生产工具和生产要素，为发展新质生产力奠定科技创新和生产基础。

1.4.3 提升国际竞争力的关键力量和新赛道

数字化与绿色化融合发展是加快提升国际竞争力的关键力量。为刺激经济振兴、创造就业机会、解决环境问题，实现碳中和已成国际共识。在世界各国的共同推动下，绿色发展成为国际趋势，绿色经济成为竞争焦点，产品出口门槛被进一步提高。我国要想加快构建以国内大循环为主体、国内国际双循环相互促进的新发展格局，就要在出口的产品和服务上实现量和质的领先优势。数字化与绿色化融合，是通过推动互联网技术与制造技术深度融合，创新绿色制造技术、提升生产制造效率、降低资源投入、减少环境污染。这种融合始终将创新、协调、绿色、开放、共享的新发展理念贯穿于国内大循环和国内国际双循环中，从而加快提升我国绿色制造的国际竞争能力。

数字化与绿色化融合发展为新竞争优势的形成提供新赛道。这既是适应技术环境新变化，又是助力形成新竞争优势的必然选择。数字技术及其催生的数字经济和绿色经济新业态，推动世界经济深刻变革。新一代信息技术的快速发展和大规模应用正加速改变着社会的生产方式、运行方式及管理模式，也为塑造产业竞争新优势、实现"换道超车"提供了条件。通过对知识编码，不同要素之间的物理界限被打破，数据之间的互联互通、共享匹配加速实现，为资本和劳动赋能加速，要素自身、要素与要素之间的运行及转化效率大大提升，成为提升产业竞争力的重要力量。

综上所述，数字化与绿色化融合发展是改变全球竞争格局的重要因素。随着新一轮科技革命和产业变革的深入发展，互联网、大数据、云计算、人工智能、区块链等数字技术创新活跃，数字技术和绿色低碳产业深度融合，切实推动了产业结构由高碳向低碳、由低端向高端的转型升级。数据作为关键生产要素的价值日益凸显，已深入渗透经济社会发展的各个领域和全过程。随着数字化转型的深入推进，传统产业加速向高端化、智能化、绿色化方向转型升级，新产业、新业态、新模式蓬勃发展，不断推动生产和生活方式的深刻变化。数字化与绿色化融合发展逐渐成为重组全球要素资源、重塑全球经济结构、改变全球竞争格局的重要因素。世界各国将推动数字化与绿色化融合发展作为提升国家创新能力、产业竞争力和综合国力的重要战略手段。

第二篇

政策篇

第 2 章

数字化与绿色化融合发展的政策体系

2.1 国际上数字化与绿色化融合政策概述

2.1.1 主要国家政策实践

21 世纪伊始，国际研究机构开展了数字技术赋能碳减排方面的应用和研究。据全球电子可持续发展倡议组织（GeSI）的研究，数字技术在未来 10 年内通过赋能其他行业可以减少全球碳排放量的 20%，主要通过智慧能源、智慧制造等领域实现。根据全球气候行动峰会发布的《指数气候行动路线图》，数字技术在能源、制造、农业和土地使用、建筑、服务、运输和交通管理等领域的应用，可以帮助全球减少高达 15% 的碳排放量，接近 2030 年全球碳排放量减少 50% 目标的 1/3。《全球通信技术赋能减排报告》显示，2018 年数字技术使全球温室气体排放量减少了约 21.35 亿吨，这几乎是移动互联网行业自身碳足迹的 10 倍，而这些减排主要通过智慧建筑、智慧能源、智慧生活方式与健康、智慧交通与智慧城市、智慧农业、智慧制造等应用而实现。在后疫情时代，"数字化""绿色化"成为全球经济复苏的主旋律。美国、欧盟、英国、日本的经济复苏方案均体现了数字技术对于推动绿色经济增长及应对气候变化的重要性。

1. 美国：围绕数字技术脱碳，提前规划布局

美国作为先进的创新驱动型国家，在制定和实施技术创新政策方面居于世界领先地位。特别是自第二次世界大战以来，美国在科技领域占据领先地位离不开产业政策的支持。美国的科技政策体系遵循其宪法规定的三权分立体制。在推进本国净零排放目标整体过程中，美国高度重视数字技术的融合应用，依托数字化带来的降本增效优势，不断加速其工业化进程，实现碳达峰，并向碳中和靠拢。数字经济时代新技术的涌现，为"双碳"目标的实现提供关键支撑，在供给侧为减排提供重要的技术支撑，通过提高工作效率、降低生产成本，推动产业集约化发展，降低能源的消耗和投入；在需求侧依托新技术改善消费、投资等的习惯，反向推动供给侧的转型升级。特别是在数据、标准、技术、资金等方面，美国出台了很多政策和应用了大量工具，助力绿色低碳方向的数字技术和应用的创新推广。

一是充分发挥顶层设计对运用数字技术降碳减排的支撑和引领作用。数字化、绿色化作为实现经济拉动、"再工业化"的抓手，始终体现在美国国家战略中。2008 年，为从经济危机中恢复，美国将"绿色经济复兴计划"的实现作为首要任务，将清洁能源与减排技术的开发视为美国经济的新增长点。2020 年，美国提出"零碳排放行动计划（ZCAP）"，推广零碳排放技术、建立清洁能源经济、优化产业政策和开展气候外交，助推美国 2050 年实现零碳排放目标。2022 年，美国能源部发布《工业脱碳路线图》，确定了减少美国制造业工业排放的 4 个关键途径及其研发和示范需求，4 个关键途径包括提高能效，工业电气化，低碳燃料、原料和能源替代，碳捕获利用与封存（CCUS）。在提高能效这一关键途径中，美国提出了系统级优化工业过程性能的能源管理方法，以及对制造过程中加热、锅炉和热电联产的热能进行系统管理和优化的方法。同时，加强智能制造和先进的数据分析对于提高制造过程中的能源生产力至关重要，这些措施可以有效提升制造业利用数字技术实现节能减排的效率。在地缘政治、大国博弈形势下，近年来，美国积极推动制造业回流且在关键核心技术领域推出一系列有助于支撑本土企业的产业政策，如《通胀削减法案》，在清洁能源制造和半导体领域相继推出补贴，吸引关键领域企业在当地投资设厂。同时在数字技术领域，加大人工智能和量子信息等重点领域的部署力度，如美国国防部于 2018 年成立人工智能国家安全委员会，于 2021 年设立人工智能咨询委员会，于 2022 年进一步在人工智能咨询委员会下设立 5 个工作组。此外，美国还成立了专门的技术竞争力委员会。

二是加强基础数据设施建设，推动智能技术在关键行业脱碳中的应用。2020 年，美国政府出台《2020 年能源法案》（以下简称《法案》），其中包括美国参议院通过的《美国能源创新法案》和美国众议院通过的《清洁经济就业与创新法案》的共识条款。《法案》重点包括发展能源储存、先进核能技术、碳捕获利用与封存、碳移除、可再生能源、重要矿物和材料、工业技术、智能制造及电网现代化等，还包括一系列提高能源效率的措施。在智能制造及电网现代化方面，部署了智能技术在数据中心和智能建筑节能减排、核能开发、智能电网建设等领域的应用行动。同时大力提倡并发展使用清洁能源，加大对有益于人类健康和环境友好型清洁能源开发所涉及技术领域的投资力度，并以技术为导向，提高能源效率，广泛发展低排放和零排放能源。2021年，美国总统拜登签署了总投资规模达 1.2 万亿美元的《基础设施投资和就业法案》，美国将在未来 5 年新增约 5500 亿美元作为基础设施建设投资，该法案提出加强能源基础数据设施建设，实施国家能源建模系统计划，制定数字气候解决方案，利用人工智能、自动化、传感、建模等技术提高能源生产和使用效率。同时将"建设能够有效抵御气候变化影响的基础设施"作为优先事项，投入 620 亿美元用于支持新能源技术开发应用，投入 75 亿美元用于支持全国电动汽车充电网络建设。此外，2023 年，美国政府发布《美国国家交通脱碳蓝图》，该蓝图概述了 3 种策略：第一种策略是提升便利性，本质上是实现更智能的城市规划，最大程度地减少交通使用需求；第二种策略是提升效率，旨在尽量减少排放，鼓励大力发展公共交通；第三种策略是向零碳排放汽车等清洁应用的过渡，并提出了利用数字技术从提升生活便利性、减少排放、优化改善物流等基础层面助力交通脱碳。

三是注重基础研究投入，开发多种创新支持渠道。根据经济合作与发展组织（OECD）的数据统计，2021 年美国的研发投入强度为 3.45%，其基础研究支出在研发经费支出中所占的比例基本稳定在 16% ～ 18%。其中，联邦政府是基础研究的最大资金来源，高校是基础研究的最大执行者。为了促进基础能源科学、生物和环境、核物理等方面的科学研究，2022 年美国能源部对这些领域投入 4 亿美元基础研究经费。2021 年 3 月，美国提出《确保美国科学技术全球领先法案（2021 年）》《美国国家科学基金会（NSF）未来法案》，前者提出未来 10 年内联邦基础研究经费支出翻一番，后者计划 5 年内实现 NSF 经费增长 59.8%。在运用数字技术降碳减排领域，美国积极研发助力降碳减排模型开发 / 智能决策的高质量数据集和大数据工具。针对当前行业由于应用越来越多的现代设备设施、仪器和高性能计算机而生成的传统工具难以有效解析的海量数据，2021 年美国能源部拨款 2900 万美元用于开发应对清洁能源开发利用、气候问题和国家安全挑战的大数据工具，其中 800 万美元用于支撑超大型数据集系统简化，2100 万美元用于支持识别相关数据模型，服务能源领域智能决策，对提高能源领域利用数字技术开发降碳减排模型具有重要意义。除了研发投入，信贷支持、研发补助和资金奖励也是美国企业获得技术支持的重要来源。在信贷支持方面，美国小企业管理局主要利用担保贷款等方式，为技术创新型小企业提供资金支持。例如，美国能源部提供 85 亿美元贷款担保，支持利用数字技术减少或控制温室气体排放。特斯拉电动汽车在启动阶段就获得了美国政府的重大支持，之后美国能源部对特斯拉公司提供 4.65 亿美元的贷款支持，苹果公司、英特尔公司等知名企业也是美国政府风险投资的受益者。在研发补助方面，2020 年美国能源部宣布提供 1600 万美元用于机器学习（ML）和人工智能高级研究，服务各领域智能化、可持续发展；在资金奖励方面，2020 年美国能源部设立 10 亿美元的"新人工智能奖项"，对 12 个提高效率、降低成本和能耗的人工智能项目给予资金奖励，同时美国能源部设立的"可持续发展奖"还对一系列成效突出的数据中心绿色化、集约化项目予以表彰。通过设立前文提及的美国小企业管理局，每年会对数百家具有发展潜力的小企业投资 10 亿美元。综上所述，信贷支持、研发补助、资金奖励等已成为美国产业技术政策的重要构成。

四是注重产学研协同，主导新兴技术标准和规则的制定。美国是较早开展产学研协同的国家，重视科技成果转化效率提升，并在经费上给予资助。当前，美国产学研协同的模式主要有企业孵化器模式、科技工业园区模式、工业—大学合作研究中心模式。企业孵化器模式是针对创新型、技术密集型初创企业成长的创新协同模式，由政府、科研院所等向小企业提供场所、相关配套设施及优惠条件。科技工业园区模式以知识产权为基础，通过大学、企业及州政府的共同努力与合作，推动工业园区的发展。北卡三角研究园便是这种模式的突出成果之一。工业—大学合作研究中心模式是当前规模最大的产学研协同创新模式，以大学为基地，具有代表性的有麻省理工学院的生物技术工程中心等。美国早在 2016 年就出台了涵盖标准制定的《美国创新与竞争力法案》，又于 2019 年发布了《美国在人工智能领域的领导地位：联邦政府参与开发技术标准与相关工具的计划》，该计划提出在人工智能标准制定方面进行部署。美国的标准化工作通常由大型私营企业主导，中小企业由于资金不足和准入门槛高等因素参与度不高。近年来，美国通过调整相关政策来调动中小企业参与技术创新的积极性，包括研发与试验税收抵免、降低标准化协会会员费及推行标准制定项目扶持计划等；同时，鼓励中小企业参与以美国为核心的标准组织，如美国电信行业解决方案联盟，以此确立国际标准制定方面的数量优势。此外，美国在推动实现零碳排放目标方面发布了多项标准，包括2016年美国国家实验室联合国际商业机器公司（IBM）、通用电气（GE）公司、谷歌（Google）公司等发布的智能电网行业标准、2014—2018年美国能源部橡树岭国家实验室联合丰田汽车公司、无线充电设备研发商（Evatran）、克莱姆森大学等推进的无线充电标准等。

五是在确保国家安全优先的前提下重视国际合作，组建科技同盟。特别是自拜登执政以来，美国与欧盟展开更深入的合作，且加强与英国的长期合作。美英一直保持着良好的技术合作关系，2021年11月，美英共同签署《促进量子信息科学和技术合作的联合声明》。2022年，美国分别与瑞典、法国、芬兰、丹麦等国家签署量子技术合作声明，加强供应链和产业基础发展等方面的合作。同时，美国还加强与加拿大在新兴技术领域的合作，2021年两国签署了关于研究合作的谅解备忘录，明确在新兴技术领域和关键技术领域的合作。同时美国加强气候变化多边协议，重塑美国的世界领导力。拜登在2021年1月签署了《应对国内外气候危机的行政命令》，呼吁制定气候融资计划。该计划重点关注国际气候融资，提供或调动金融资源，以帮助发展中国家减少或避免温室气体排放、建立对极端天气的抵御能力和适应气候变化带来的负面影响。美国对外能源政策主要着眼于以下4个方面。其一，扩大国际气候融资规模。随着美国国际气候融资的急剧下降，政府意识到重新确立美国在国际气候外交中领导地位的重要性。美国从2021年到2024年每年向发展中国家提供的公共气候融资相较于奥巴马执政时期（2013—2016财年）的平均水平翻一番。美国与其他国家合作，在公共投资中优先考虑气候相关问题，加强技术援助，增加对气候变化领域的投资。政府部门在国际气候融资和技术援助方面加强协调，以强化机构间的互补性。其二，动员私人融资。公共干预措施不仅包括公共财政投入的增加，还涉及私人资本的参与。通过混合融资的方式扩大合作伙伴范围，增加气候项目中私人资本所占的比例。美国进出口银行根据其职责增加对美国环保、能源效率提升、储能出口和可再生能源发展的支持。其三，削减化石燃料的官方投资。削减化石燃料的官方投资是发展环境友好型投资的必然结果。美国各机构和组织削减化石能源项目的国际投资与援助，通过多边论坛与其他国家合作，鼓励、促进资本流向环境友好型产业，远离高碳项目。其四，引导资本流向低碳排放领域。金融市场的投资要求越来越高，支持资本流向低碳排放领域和环境友好型产业。美国财政部门将与其他机构协调，继续增加应对气候变化相关项目的投资，监控金融风险，使投资组合和气候战略目标相一致。

2. 欧盟：加快布局数字产业，强调"战略自主"

面对新技术革命浪潮，欧盟以数字经济作为产业政策的发力点。2020年，欧盟发布了《塑造欧洲数字未来》，指明了数字战略的总体发展框架。在此基础上，欧盟还发布了一系列报告和法律法规，如《欧洲数据战略》《数据治理法案》《数字市场法案》等，为数字经济的发展奠定了制度基础。同时欧盟将利用数字技术促进行业脱碳和可持续发展纳入投融资、研究创新、国际合作等政策，特别强调通过相关政策，引导和支持企业提高应对气候变化的能力。

一是强化顶层设计，推动数字化与绿色化双重转型。2019年，欧盟委员会发布《欧洲绿色新政》，并明确提出工业领域要充分挖掘数字化转型潜力，使人工智能、5G、云计算和边缘计算及物联网等数字技术尽快在欧盟应对气候变化和保护环境的政策中发挥重要作用；为持续推动工业领域数字化与绿色化双重转型，2020 年，欧盟委员会还发布了《欧洲工业战略》，旨在提升欧盟全球竞争力并带动欧洲绿色工业和数字化的发展，助推欧洲向更加可持续、数字化发展水平更高和更具全球竞争力的经济转型；2022 年，欧盟委员会发布《2022 年战略前瞻报告：在新的地缘政治背景下实现绿色和数字化转型》，强调实现 2050 年净零目标需要加速数字化与绿色化双重转型。报告指出，技术创新将在能源、交通、工业、建筑和农业等主要碳排放领域发挥关键作用，到 2050 年实现碳中和目标必须推进当前正处于实验、示范和原型阶段的新兴技术发展。加速实现数字化与绿色化转型的关键路径包括以下几类。①能源数字化：通过数字技术提供必要的数据，以更精细地和近实时地匹配供需；通过数字技术、新型传感器、卫星数据和区块链改进能源生产和需求预测，使智能电网能够根据天气条件调整需求，有效管理和分配可再生能源，促进可再生能源跨境流动并防止供应中断等。②通过数字技术实现绿色交通：包括数字技术与下一代电池技术结合以推进交通可持续发展，数字技术与电动飞机结合以建立连接整个欧盟的小型区域机场网络，利用数字技术管理交通运输的电气化需求等。③通过数字技术推进工业实现碳中和：将数字技术应用于多种燃料和原料的大型工业能源用户的供需管理，包括通过智能电表提供能源消耗的实时信息并将信息发送到能源管理工具中以提高能效；通过监测控制、大数据分析和数据采集系统提高工业流程效率和流程数据的分析效率，以实现更明智的决策等。④绿色建筑数字化：数字技术将有助于实现建筑能源消费的绿色替代，并提高整体能效，主要包括发展智能建筑和仪表；通过建筑信息模型提高建筑能效和用水效率，并为建筑设计提供数据依据等。⑤智慧和绿色农业：数字技术将有助于实现智慧和绿色农业，主要技术方向包括通过现场数字传感技术及原位和空间利用相关技术，减少水、杀虫剂、化肥和能源的使用；通过"数字孪生"提供数据以管理多样化的产品，并利用生物多样性来重新设计除害虫的方法。

二是明确重点战略产业，进行前瞻性布局。近年来，欧盟依托"欧洲共同利益重要项目"等平台，对其重点科技领域进行多次评估，确定了六大战略产业，对特定领域进行专门布局。欧盟将发展数字经济作为重中之重，打造"数字十年"计划，发布了《塑造欧洲的数字未来》等文件，积极推动数字基础设施建设、发展数字技术、促进数字融通及制定数字技术标准等。另外，欧盟重视构建自主供应链，针对对外依赖度较高的工业生态关键技术领域，积极打造从研发设计到应用的完整价值链。以芯片为例，2022年欧盟出台了《欧洲芯片法案》，提出到2030年，通过加大资金支持力度，在欧盟建立芯片制造工厂，将全球芯片的生产份额提升至20%。在前沿技术领域，欧盟成立了电池联盟，力求打造电池"生态系统"。类似的措施也表现在氢能技术、绿色脱碳技术等领域。为了更好地集聚行业力量支撑政府决策和引导产业发展，欧盟召集埃森哲、达索、爱立信、施耐德电气、谷歌、西门子、思科等26家ICT龙头企业成立欧洲绿色数字联盟（EGDC），于2021年签署《欧盟的绿色化和数字化转型宣言》，同时与龙头企业合作制定能源、制造、交通、农业、建筑等领域绿色化与数字化转型指导方案。此外，2024年欧盟委员会还通过了《净零工业法案》，该法案旨在提升欧洲在商业上可获得的净零技术的制造能力，确保欧盟在清洁技术生产方面发挥主导作用，并确保欧盟绿色数字未来的安全和可持续供应链。欧盟还将数字技术作为实现碳中和目标、全面迈向绿色发展的重要支撑。

三是优化科技创新体系，加强重点领域数字技术应用基金支持。欧盟不断增加公共研发资金，2021年启动的"地平线欧洲"计划（2021—2027年）提出，强化关键技术，以市场为导向推进颠覆性技术创新，未来两年将提供7.24亿欧元拨款，支持制造业和建筑业的数字化并减少行业碳足迹。同时，为了强化创新成果的市场转化，欧盟委员会于 2021 年设立了欧洲创新理事会，通过"加速器计划"支持中小企业创新，资助计划通过促进商业合作、衍生产品发展等方式帮助研究成果转化。在研究成果商业化方面，2021 年欧洲创新理事会向 42 个突破性研究成果转化项目资助 9900 万欧元，涉及新材料与先进制造、生物检测、器件和设备等。另外，欧盟不断加大市场干预，调整竞争政策，放宽反垄断规则，培育"冠军企业"；强化技术市场准入壁垒，尤其在关键基础设施、关键技术等领域，形成了"非穷尽"审查项目清单；升级出口管制制度，加强对新兴技术安全的保障能力。在创新项目中部署利用数字技术减少行业碳足迹研究。2020 年，欧盟委员会与欧洲投资基金宣布部署风险投资基金，促进人工智能、机器人等技术在工业领域的推广，降低生产能耗和碳排放。2023 年 12 月，欧盟投入近 6 亿欧元支持跨境能源基础设施项目，包括支持 5 个二氧化碳网络项目、2 个电力部门项目和 1 个储气库项目，其中电力部门项目包括 1 亿欧元的智能电网项目和 122 万欧元的电力互连线加固项目等，以实现更智能的电网创新技术和解决方案。同时，欧盟利用大数据、区块链等数字技术提高碳市场可信度和碳交易效率。此外，欧洲能源交易所（EEX）建立了电子碳交易平台，通过支撑碳排放权线上登记 / 交易 / 拍卖、提供实时交易数据，助力政策优化调整、模拟交易过程、选择最优拍卖方案等，助力本国碳交易制度实施，最终使数字技术能更有效地利用市场机制促进电力、钢铁、玻璃、水泥等领域减碳。

四是重视标准规则制定权。欧盟特别重视标准引领关键技术创新的作用，在新兴通信技术领域与我国竞争技术标准制定权，确立了五大关键领域标准制定行动计划，即优化并满足战略领域（如关键原材料、芯片及数据标准、清洁能源等领域）标准化需求；提升欧洲标准化体系治理能力；支持创新；培养标准化专家。欧盟的"标准化战略"旨在加强其在全球标准制定中的竞争力，减少中美大型企业在欧盟标准组织中的影响力，致力于为国际技术治理提供欧洲标准和规范。在数字领域，欧盟于 2021 年出台的《数据治理法案》规定，只有第三国数据保护的力度达到欧盟标准时，欧盟敏感数据才能转移至第三国。

3. 日本：强调政策融合创新，集中优势发力

21 世纪初期，日本政府就提出，将信息技术产业、环保产业、可再生能源产业等作为重点发展的新兴产业，随后出台了一系列相关政策。日本一直将制造业视为立国之本。近年来，日本大力推进以制造业的数字化、智能化、网络化为前提的超智能化社会建设。当前，日本仍面临着绿色发展、区域发展、生产力增长、低出生率和人口老龄化等一系列挑战，亟须整合优势资源，推动技术创新与产业转型深度融合，加快数字化进程，实现绿色低碳可持续发展和高质量发展。日本数字化赋能绿色发展注重战略、法规、标准顶层设计的融合创新。

一是统筹数字化战略与绿色化战略规划融合，支撑前沿科技发展，最大程度地推进绿色社会发展。日本政府十分强调绿色化与数字化的双轮驱动，即高度重视利用新一代数字技术和基础设施支撑绿色转型。在全球范围内，日本是政策引导产业升级的典范，也是资源循环利用的践行者，其背后是日本作为岛国的资源约束。日本于 2020 年发布了《2050 年碳中和绿色增长战略》，基于预算、税制、金融、监管、国际合作 5 个政策工具，并提出了具体的发展目标和重点任务，其中大多数集中在交通、制造领域，其次是能源领域，最后是家庭、办公领域，14 个重点领域的选择主要是基于资源禀赋和发展核心竞争力。在汽车和蓄电池产业，利用先进的通信技术发展网联自动驾驶汽车。在交通物流和基建产业，物流行业引入智能机器人、可再生能源

和节能系统，打造绿色物流系统。在下一代住宅、商业建筑和太阳能产业，利用大数据、人工智能、物联网等技术实现对住宅和商业建筑用能的智慧化管理。在生活方式相关产业，部署先进的智慧能源管理系统；利用数字技术发展共享交通（如共享汽车）。在半导体和通信产业，一是利用数字技术提高能源消费的效率和减少二氧化碳排放量；二是数字设备和信息通信业自身的节能和环保，2030 年预计所有新建数据中心节能 30%。同时还提到要加快制定企业和区域的数字化方案，推进利用数字技术促进地区二氧化碳减排示范。此外，日本先后制定了《日本再生战略》《机器人新战略》，如前文所述，以制造业为核心，灵活运用大数据、物联网等新技术，大力推进超智能化社会建设。重点在科技领域，2021 年日本政府公布了《第六期科学技术创新基本计划（2021—2025 年）》，该计划强调鼓励科技创新的政策体制，提出在未来 5 年内投入 30 亿日元用于量子信息技术等新技术的研发，官民研发投资总额计划达 120 万亿日元；构筑包括人文社会科学知识在内的"综合知识"体系。同年，日本政府发布《融合创新战略 2021》，该战略提出官产学研协同推进重点技术领域创新、加强顶层设计的牵引作用。《2021 科技创新白皮书》提出，促进国家重要战略前沿技术的研发活动，夯实科技创新基础能力。

二是聚焦前沿科技创新领域，加大研发投入力度。近年来，日本将半导体、信息通信等关键技术领域作为国家战略重点，加快科技创新领域布局，推动本土企业强化数字产业核心环节的技术研发与制造能力。2021 年日本经济产业省首次发布《半导体数字产业战略》，要求加大尖端半导体的设计研发与生产，将日本建设成集技术创新、系统研发及应用于一体的世界中心。该战略从半导体、数字基础设施、数字产业 3 个维度提出了总体和细分领域的战略目标及施策方向，夯实基础提升话语权，确保经济发展与环境保护共优，同步推进数字化和绿色技术。在半导体领域，支持数字化和绿色投资的设计开发，推进半导体技术的绿色革新；在数字基础设施领域，建设绿色数据中心，推广使用可再生能源发电，降低数字化转型带来的能源消耗；在数字产业领域，绿色政策和能源政策融合实施，加强"数字 × 绿色"项目管理，统筹管理并推动碳中和的数字技术成果转化。此外，日本还通过财政补贴、投资优惠、税收减免等多种手段加大对企业自主创新的支持力度，为战略性新兴产业提供较高的研发补贴，对中小企业征收较少的税收、提供无息贷款。

三是提前布局能源节能技术，完善市场人才管理机制。与其他主要国家相比，日本资源较为匮乏。特别是福岛核电站发生危机后，日本面临着前所未有的能源短缺危机，天然气采购成本大幅上升，引致电价上涨。在此背景下，日本加快推动研发超节能生产设备、新储能技术及高效率发电技术，以提升能源自给率。同时，日本还向海外输送技术，如采用了先进智能系统的欧姆龙设备能够显示生产线的能耗、温度等相关监测信息，节能效果巨大。另外，日本的钢铁能源利用效率全球领先，新的炼钢法采用了先进的节能技术，能够大幅减少焦炭的使用量。在公共采购、法规制定、标准化等方面，扩大需求引导、利用数字技术积极发展碳交易市场，促进汽车、半导体等行业采购无碳电源。统一《道路运输车辆法》《高压气体安全法》等相关法规，促进电动汽车、氢能汽车的普及，并基于此促进网联汽车加速发展。日本积极推进下一代太阳能电池性能评估系统等相关技术标准国际化，为日本碳中和技术、产品争取国际市场。与其他西方国家类似，日本颇重视人才培养。面对新技术革命带来的挑战，日本文部科学省积极推进教育改革，与厚生劳动省共同推动人才培养计划，以降低本科培养人才与企业实际需求的不匹配度，相关措施涉及建立职业实践力培养计划、构筑专科学校与产业界合作的教育体制、强化专业技术学院的作用等。为了推动技术革新，2018 年，日本政府出台了"综合技术革新战略"草案，草案提出到 2025 年每年培育的人工智能领域的信息技术人才将在数万人以上，全面引入国立大学教师年薪制。《2021 科学技术白皮书》强调在人工智能、超级计算机、量子等新技术领域，加大科技基础研究投入与人才培育力度。

此外，英国、韩国等也高度重视本国数字碳中和方案的开发和推广，通过试点示范、人才培育、服务供给等政策工具全方位深化各行业数字化减碳应用，为更好地释放数字技术降碳减排潜力、促进气候目标实现提供坚实的政策支撑。

2.1.2　对我国的经验启示

总体而言，全球主要国家和地区都在积极响应和顺应碳中和趋势，高度重视数字化与绿色化融合发展的顶层设计，适时加强碳中和立法保障，并基于不同经济发展阶段、资源禀赋、技术基础等制定各有侧重的技术措施、行政措施、财税措施和法规措施，形成了相对系统的碳中和政策体系。

发达国家或地区利用数字技术推进相关行业碳中和存在以下 3 个共性特点。第一，发达国家或地区均将数字技术纳入碳中和的顶层设计和长期规划。多数发达国家或地区在本国或地区的碳中和规划中重点强调了数字技术的重要作用，并制定了系统的政策，如欧盟各国制定的《欧洲绿色协议》、日本于 2020 年发布的《2050 年碳中和绿色增长战略》、韩国于 2020 年发布的《"韩国版新政"综合计划》、英国于 2021 年发布的《工业脱碳战略》等，均强调数字技术对推进行业减碳的重要作用。第二，发达国家或地区均加强了社会和行业力量的动员和引导。如美国的贷款担保政策、日本的公共采购、韩国的智能环保产业园改造等，均灵活利用各类政策工具刺激行业开展"双碳"方向数字技术创新和应用推广，形成导向作用，特别是欧盟各国设立了专门的"绿色化数字化联盟"，将数字技术助力碳中和方向的行业龙头聚集在一个平台上，共同制定招标方案和指导建议。第三，发达国家或地区均根据本国国情在鼓励利用数字技术促进碳中和方面灵活进行政策规划，施政重点和方式各有不同。美国数字技术应用基础雄厚，政策力度较大且政策的针对性及政策工具的多元性也最为突出，有的放矢地推动节能降碳减排方向的技术和工具创新，将科研能力转化为行业生产力。美国数字产业发展和政策体系较为系统，因此充分结合数据工具、行业标准、研发补贴、应用奖励等原有政策资源，在延续执行原有政策的基础上对节能降碳减排方向的数字技术和工具创新略有侧重。欧洲数字基础相对薄弱，政府施政在客观上缺乏系统性规划的现实基础，因此更加注重对产业力量的引导和刺激，并基于其全球最为成熟的碳交易体系，更好地发挥数字技术在欧盟碳交易系统中的作用，从而提升行业降碳减排市场机制的运行效率。日本则受本国国土、能源资源限制，推进本国碳中和时将能源、交通转型列为国家战略，在推动数字技术促进降碳减排应用时也将智慧能源、下一代交通列为其重点发展方向等。

未来数字技术在促进碳达峰碳中和中的作用更加凸显，我国开展碳资产数字化管理、能源智能分配等行业实践需要更强有力的引导和支持，政府应基于我国行业节能降碳减排发展现状、目标和各行业数字应用创新基础开展系统政策设计，积极作为，主动干预，提早谋划。产业部门作为行业管理部门，更应充分深入行业一线、准确把握发展趋势、聚集产业链资源，在引导行业需求、奠定行业发展基础等方面发挥更大的作用，鼓励各行业、各主体利用数字技术促进碳达峰碳中和。

从总体上看，主要国家或地区的碳达峰碳中和举措对我国制定和完善立足自身国情、符合世界潮流的碳达峰碳中和政策措施，有着较高的参考价值和较好的启示意义。我国作为全球碳排放大国和最大的发展中国家，实现碳达峰碳中和目标的时间紧、转型压力大、任务重、不确定因素多，必须充分借鉴国际上的先进经验做法，持续优化国内碳中和"1+N"政策体系。

2.2 我国的数字化与绿色化融合发展政策分析

2.2.1 政策发展历程

自改革开放以来，我国经济经历了较长时间的快速增长，但仍然面临发展不平衡、不协调和不可持续的问题。其中，科技创新能力相对较弱、产业结构不理想、发展方式过于粗放、环境污染问题日益加剧是我国经济发展面临的突出矛盾。党的十八大以来，我国在生态文明建设上的投入不断加大，生态环境治理初见成效，环境状况得到显著改善。与此同时，党和国家高瞻远瞩，高度重视数字化与绿色化融合发展政策的制定、落实和全面领导，坚持以创新、协调、绿色、开放、共享的新发展理念为指导，推动传统产业向高端化、智能化、绿色化方向转型，加快数字产业化和产业数字化。当前，数字化与绿色化已成为我国迈向高质量发展的两大核心趋势，两者正在深度融合、协同发展。其中以5G、物联网、云计算、大数据、人工智能和区块链等为代表的数字技术正在引领全球经济社会的变革与发展，也已成为经济社会全面绿色转型不可缺少的重要手段。

党的二十大报告提出的"推动形成绿色低碳的生产方式和生活方式""加快发展数字经济，促进数字经济和实体经济深度融合"，构成了数字化、绿色化发展的主旨要求，数字化与绿色化融合发展的空间也在不断拓展。为了实现这一目标，国家发布了一系列关于数字化与绿色化协同（以下简称"双化协同"）发展的政策文件，如表2-1所示。相关政策的密集出台，进一步明确了数字化与绿色化相互支撑、互相促进的协同关系和重要作用。2022年11月18日，亚太经济合作组织领导人非正式会议也进一步强调了数字化与绿色化的协同发展，指出其对经济社会绿色发展的关键作用。

表 2-1　我国数字化与绿色化协同发展相关政策汇总

序号	发布时间	政策名称
1	2016 年 5 月	《国务院关于深化制造业与互联网融合发展的指导意见》
2	2017 年 11 月	《国务院关于深化"互联网＋先进制造业"发展工业互联网的指导意见》
3	2019 年 11 月	《关于推动先进制造业和现代服务业深度融合发展的实施意见》
4	2021 年 9 月	《中共中央 国务院关于完整准确全面贯彻新发展理念做好碳达峰碳中和工作的意见》
5	2021 年 10 月	《2030 年前碳达峰行动方案》
6	2021 年 11 月	《贯彻落实碳达峰碳中和目标要求 推动数据中心和 5G 等新型基础设施绿色高质量发展实施方案》
7	2021 年 11 月	《"十四五"工业绿色发展规划》
8	2021 年 11 月	《"十四五"信息通信行业发展规划》
9	2021 年 11 月	《"十四五"信息化和工业化深度融合发展规划》
10	2021 年 12 月	《"十四五"国家信息化规划》
11	2021 年 12 月	《"十四五"智能制造发展规划》
12	2022 年 7 月	《工业领域碳达峰实施方案》
13	2022 年 8 月	《信息通信行业绿色低碳发展行动计划（2022—2025 年)》
14	2022 年 11 月	《五部门联合开展数字化绿色化协同转型发展综合试点》
15	2023 年 2 月	《数字中国建设整体布局规划》
16	2023 年 8 月	《元宇宙产业创新发展三年行动计划（2023—2025 年)》
17	2023 年 8 月	《绿色低碳先进技术示范工程实施方案》
18	2023 年 12 月	《工业和信息化部等八部门关于加快传统制造业转型升级的指导意见》
19	2024 年 2 月	《工业和信息化部等七部门关于加快推动制造业绿色化发展的指导意见》
20	2024 年 7 月	《中共中央 国务院关于加快经济社会发展全面绿色转型的意见》
21	2024 年 8 月	《数字化绿色化协同转型发展实施指南》

与此同时，2022 年 11 月，中央网络安全和信息化委员会办公室、国家发展和改革委员会及工业和信息化部等 5 部门确定了在河北省张家口市、辽宁省大连市和黑龙江省齐齐哈尔市等 10 个地区首批开展双化协同发展综合

试点。试点工作自 2023 年 1 月起，为期两年，重点围绕数字产业绿色低碳发展、传统行业双化协同转型、城市运行低碳智慧治理、双化协同产业孵化创新、双化协同政策机制构建等方面探索可复制、可推广的经验。双化协同综合试点的设立为推动数字化和现代化产业体系的创新提供了土壤。

2.2.2　主要政策内容

2021 年 9 月，《中共中央 国务院关于完整准确全面贯彻新发展理念做好碳达峰碳中和工作的意见》明确指出，要加快发展新一代信息技术、生物技术、新能源、新材料、高端装备、新能源汽车、绿色环保以及航空航天、海洋装备等战略性新兴产业。建设绿色制造体系。推动互联网、大数据、人工智能、5G 等新兴技术与绿色低碳产业深度融合。要加快推进工业领域低碳工艺革新和数字化转型。加快商贸流通、信息服务等绿色转型等。

2021 年 10 月，国务院印发的《2030 年前碳达峰行动方案》指出，要全面提升节能管理能力。提高节能管理信息化水平，完善重点用能单位能耗在线监测系统，建立全国性、行业性节能技术推广服务平台，推动高耗能企业建立能源管理中心。推进碳排放实测技术发展，加快遥感测量、大数据、云计算等新兴技术在碳排放实测技术领域的应用，提高统计核算水平。推进工业领域数字化智能化绿色化融合发展。加强新型基础设施节能降碳，优化新型基础设施空间布局，统筹谋划、科学配置数据中心等新型基础设施，避免低水平重复建设。优化新型基础设施用能结构，采用直流供电、分布式储能、"光伏＋储能"等模式，探索多样化能源供应，提高非化石能源消费比重。对标国际先进水平，加快完善通信、运算、存储、传输等设备能效标准，提升准入门槛，淘汰落后的设备和技术。加强新型基础设施用能管理，将年综合能耗超过 1 万吨标准煤的数据中心全部纳入重点用能单位能耗在线监测系统，开展能源计量审查。推动既有设施绿色升级改造，积极推广使用高效制冷、先进通风、余热利用、智能化用能控制等技术，提高设施能效水平。

2021 年 12 月，中央网络安全和信息化委员会印发的《"十四五"国家信息化规划》明确指出，要"深入推进绿色智慧生态文明建设，推动数字化绿色化协同发展"。同时提出"到 2025 年，自然资源监管、生态环境保护、国家公园建设、水资源保护和能源利用等数字化、网络化、智能化水平大幅提升，有力支撑美丽中国建设"的行动目标。绿色智慧生态文明建设行动包括加强自然资源和国土空间的实时感知、智慧规划和智能监管，强化综合监管、分析预测、宏观决策的智能化应用，提供自然资源和国土空间数据共享与服务；打造智慧高效的生态环境数字化治理体系，提升生态环境智慧监测监管水平，完善生态环境综合管理信息化平台，支撑精准治污、科学治污、依法治污；推进智慧水利建设，推进新一代信息技术与水利业务融合，完善大江大河监测体系，加强水利大数据应用，加速推进水文、水资源等重要水利数据有序共享；建设智慧能源系统，推动能源与信息领域深度融合，提升电网、油气、煤炭基础设施信息化和智能化水平，推动构建"源网荷储"互动、多能协同互补、用能需求智能调控的能源系统。

2022 年 7 月，工业和信息化部等部门印发的《工业领域碳达峰实施方案》重点提出："推动数字赋能工业绿色低碳转型，强化企业需求和信息服务供给对接，加快数字化低碳解决方案应用推广。"推动新一代信息技术与制造业深度融合。利用大数据、5G、工业互联网、云计算、人工智能、数字孪生等对工艺流程和设备进行绿色低碳升级改造。深入实施智能制造，持续推动工艺革新、装备升级、管理优化和生产过程智能化。在钢铁、建材、石化化工、有色金属等行业加强全流程精细化管理，开展绿色用能监测评价，持续加大能源管控中心建设力度。在汽车、机械、电子、船舶、轨道交通、航空航天等行业打造数字化协同的绿色供应链。在家电、纺织、食品等行业发挥信息技术在个性化定制、柔性生产、产品溯源等方面的优势，推行全生命周期管理。推进绿色低碳技术软件化封装。开展新一代信息技术与制造业融合发展试点示范。同时还提出要建立数字化碳管理体系。加强信息技术在能源消费与碳排放等领域的开发部署。推动重点用能设备上云上平台，形成感知、监测、预警、应急等能力，提升碳排放的数字化管理、网络化协同、智能化管控水平。促进企业构建碳排放数据计量、监测、分析体系。打造重点行业碳达峰碳中和公共服务平台，建立产品全生命周期碳排放基础数据库。加强对重点产品的产能产量监测预警，提高产业链供应链安全保障能力。又提出要推进"工业互联网 + 绿色低碳"。鼓励电信企业、信息服务企业和工业企业加强合作，利用工业互联网、大数据等技术，统筹共享低碳信息基础数据和工业大数据资源，为生产流程再造、跨行业耦合、跨区域协同、跨领域配给等提供数据支撑。聚焦能源管理、节能降碳等典型场景，培育推广标准化的"工业互联网 + 绿色低碳"解决方案和工业 App，助力行业和区域绿色化转型。

2022 年 8 月，工业和信息化部等 7 部门印发的《信息通信行业绿色低碳发展行动计划（2022—2025 年）》从行业重点设施绿色升级、产业链供应链协同发展、能源资源循环利用及共建共享、健全能耗及碳排放综合管理平台等方面提出了翔实的工作方案。同时，该文件也重点提出了赋能产业绿色低碳转型、赋能居民低碳环保生活、赋能城乡绿色智慧发展等行动。以各行业数字化、智能化、绿色化转型需求为导向，以产业绿色低碳转型、居民低碳环保生活和城乡绿色智慧发展等领域为重点，加快提升数字技术与垂直行业应用深度融合的服务供给能力，助力经济社会数字化与绿色化转型。在赋能产业绿色低碳转型这一行动中提出，要强化工业节能降碳供给能力，鼓励信息通信企业加强与工业企业的产业合作和供需对接，加大工业双化协同发展技术和服务供给力度。推动重点用能设备、工序等数字化改造和上云用云；要助力重点行业绿色化转型，支持企业赋能钢铁、有色金属、石化化工等行业，加快物联感知＋大数据平台建设，推动打造能耗云平台，助力行业用能安全和精细化管理。在赋能居民低碳环保生活这一行动中提出，要强化公共服务绿色低碳供给能力，鼓励信息通信企业与地方政府合作，推动5G、北斗、车联网等信息通信技术与城市交通路网等设施进一步深度融合，提升出行效率。鼓励企业探索低碳零碳配送站试点，利用人工智能技术设计推广最优减塑、减包材配送方案；要助力打造居民绿色生活方式，鼓励信息通信企业推广线上会议、线上办公、线上医疗、信息消费等应用，减少出行带来的碳排放，以平台、App等为依托，设计绿色消费宣传、绿色积分兑换等产品应用，鼓励企业向居民提供生活废旧物品回收优惠、回馈、交易等多元化服务，引导居民绿色消费。在赋能城乡绿色智慧发展这一行动中提出，要增强城乡节能降碳供给能力，鼓励信息通信企业积极参与城乡碳足迹感知等技术方案的提供，助力实现对区域碳排放的监测和服务，推动数字孪生技术在城乡节能减排等领域的应用，实现城乡碳排放、碳消除与城乡发展的多元路径推演，为城乡节能减排提供决策支撑；要助力城乡绿色智慧发展，鼓励信息通信企业赋能城乡环境监测治理，基于智能物联网设施，实现环境数据动态感知与实时监测，支持城乡减污降碳协同控制决策。面向基层社区打造智慧服务微型综合体，参与零碳智慧建筑建设。面向城乡垃圾、废物利用等环节开发绿色节能系统，提高城乡生活垃圾处理能力和资源化利用水平。

2023年2月，中共中央、国务院印发的《数字中国建设整体布局规划》提出，到2025年，数字生态文明建设取得积极进展、数字技术创新实现重大突破。要求建设绿色智慧的数字生态文明。推动生态环境智慧治理，加快构建智慧高效的生态环境信息化体系，运用数字技术推动山水林田湖草沙一体化保护和系统治理，完善自然资源三维立体"一张图"和国土空间基础信息平台，构建以数字孪生流域为核心的智慧水利体系。加快双化协同转型。倡导绿色智慧生活方式。

2023 年 8 月，国家发展和改革委员会等 10 部门印发的《绿色低碳先进技术示范工程实施方案》是为了加快绿色低碳先进适用技术的示范应用和推广，在落实碳达峰碳中和目标任务过程中锻造新的产业竞争优势。该方案中重点方向的工业领域示范项目包括低碳零碳钢铁冶炼示范、有色金属冶炼集成创新与流程优化，先进低碳石油化工、现代煤化工、绿色生物化工示范，可再生能源与石化化工生产系统耦合，工业绿色微电网、双化协同降碳、"工业互联网＋绿色低碳"、绿色（零碳、近零碳）数据中心、"海底数据中心＋海洋清洁能源"示范等。工业领域示范项目能效水平应不低于行业标杆水平。

2023 年 8 月，工业和信息化部办公厅、教育部办公厅、文化和旅游部办公厅、国务院国资委办公厅、国家广播电视总局办公厅联合印发的《元宇宙产业创新发展三年行动计划（2023—2025 年）》明确将元宇宙作为"加速制造业高端化、智能化、绿色化升级，支撑建设现代化产业体系"的战略性、前瞻性新领域。同时提出打造一流基础设施，建设 5G-A（5G 网络的演进和增强版本，5G-Advanced）/6G、千兆光网／万兆光网、FTTR（光纤到房间）、卫星互联网等新型网络，满足元宇宙高速率、低时延、全域立体覆盖的应用需求。建设云边一体、算网一体、智能调度、绿色低碳的新型算力，为元宇宙超高内容拟真度、实时交互自由度提供算力保障。发展元宇宙信任基础设施，试点去中心化场景应用，支撑元宇宙可信存储需求。打造元宇宙基础设施综合管理平台，实现计算、存储和通信能力的分布式协同，提升运营效率与可靠性。

2024 年 2 月，《工业和信息化部等七部门关于加快推动制造业绿色化发展的指导意见》提出，推动数字化与绿色化深度融合，发挥数字技术在提高资源效率、环境效益、管理效能等方面的赋能作用，加速生产方式的双化协同转型。深化产品研发设计环节双化协同应用，分行业建立产品全生命周期绿色低碳基础数据库，开发全生命周期评价、数字孪生系统等工具。面向重点行业领域在生产制造全流程拓展"新一代信息技术 + 绿色低碳"典型应用场景，提高全要素生产率。发挥区块链、大数据、云计算等技术优势，建立回收利用环节溯源系统，推广"工业互联网 + 再生资源回收利用"新模式。加快建立数字化碳管理体系，鼓励企业、园区协同推进能源数据与碳排放数据的采集监控、智能分析和精细管理。推进绿色低碳技术软件化封装，支持开发绿色低碳领域的专用软件、大数据模型、工业 App 等。着力锻造绿色低碳产业长板优势，推动工业互联网、大数据、人工智能、5G 等新兴技术与绿色低碳产业深度融合，探索形成技术先进、商业可行的应用模式，形成产业增长新动能。

2024 年 7 月，《中共中央　国务院关于加快经济社会发展全面绿色转型的意见》指出，加快双化协同转型发展。推进产业数字化、智能化与绿色化的深度融合，深化人工智能、大数据、云计算、工业互联网等在电力系统、工农业生产、交通运输、建筑建设运行等领域的应用，实现数字技术赋能绿色转型。推动各类用户"上云、用数、赋智"，支持企业用数智技术、绿色技术改造提升传统产业。推动绿色低碳数字基础设施建设，推进既有设施节能降碳改造，逐步淘汰"老旧小散"设施。引导数字科技企业绿色低碳发展，助力上下游企业提高减碳能力。探索建立环境污染和气象灾害高效监测、主动预警、科学分析、智能决策系统。推进实景三维中国建设与时空信息赋能应用。

2024 年 8 月，中央网络安全和信息化委员会办公室秘书局等 10 部门联合印发《数字化绿色化协同转型发展实施指南》(简称《实施指南》),从创新引领、协同推进、开放合作、务求实效4个方面,明确了推进双化协同工作的开展原则。按照"323"总体框架进行布局,明确了由各地方政府和相关部门,行业协会、高校科研院所,相关行业企业为双化协同3类实施主体,为各类主体推进双化协同工作提供指引和参考;明确了加快数字产业绿色低碳发展、发挥数字科技企业创新作用为双化协同两大发力方向;明确了布局双化协同基础能力、数字化与绿色化融合技术体系、数字化与绿色化融合产业体系为双化协同融合创新三方面布局。《实施指南》提出,各地区在使用指南推进双化协同工作的过程中,要聚焦推动高质量发展、加快发展新质生产力,充分把握好自身在区域、产业发展中的定位,立足自身资源禀赋,积极打造特色产业和功能优势,加速双化协同发展,推进能源资源、产业结构、消费结构转型升级,加快经济社会发展全面绿色转型。下一步,中央网络安全和信息化委员会办公室将会同有关部门,着力加强统筹协调、跟踪监测和宣传引导,充分调动各类主体的积极性、创造性,及时研究解决双化协同工作推进过程中出现的新情况、新问题,推动《实施指南》落地见效。

此外,部分行业先行先试,积极推进双化协同发展。以建筑行业为例,数字技术正助力建筑全生命周期节能。从建筑设计、施工、运维到拆除,利用物联网、大数据和云计算等数字技术对整个建筑进行实时监测和管理,降低建筑运维总体能耗,实现建筑内部能源资源利用最优,效率、性能和功能全面优化。

2.2.3 政策实施成效与面临的挑战

随着数字经济与实体经济在更广范围、更深程度、更高水平上的融合发展,围绕数字化与绿色化融合的政策布局、数字底座、赋能载体、技术融合、转型路径、应用推广等将呈现新特点，数字化赋能将成为经济社会全面绿色转型的重要力量。目前我国正在加速迈向数字经济大国，以数字化为核心的技术革命，对经济转型和绿色低碳发展起到了重要的促进作用，助力实现碳达峰碳中和目标。据 GeSI 的研究，数字技术在未来 10 年内通过赋能其他行业可减少全球碳排放量的 20%。中国信息通信研究院发布的《数字碳中和 工业篇（2024 年）》蓝皮书指出，未来 10 年现有的数字技术将分别助力我国钢铁、石化化工、建材三大重点流程高碳排制造业减少 5%～ 20%、6%～ 16%、3%～ 9% 的碳排放。综上所述，在工业化进程中，制造业对能源资源需求不断增加，污染物排放和碳排放也不断增加，已成为阻碍工业高质量发展的不利因素，数字经济与实体经济的深度融合，在减少能源与资源消耗的基础上，可实现生产效率与碳效率的双提升。

1. 政策实施成效

当前，在新一轮科技革命和产业变革浪潮中，一系列政策文件的落地实施，推动着数字化与绿色化加速融合。从本质上来说，数字化追求的是精益化、智能化和网络化，助力产品的全生命周期管理，实现降本、提质、增效；绿色化是通过效率的提高，以更小的消耗和排放来实现同样或者更大的产出价值。数字化与绿色化融合能够在推动经济社会绿色高质量发展方面发挥叠加作用。以物联网、人工智能、机器学习、机器视觉和数据分析为代表的数字技术给制造业产品的设计、生产、供应链及使用和回收的绿色化发展带来了重大机遇，有助于优化生产工艺、提高生产效率、降低能源消耗和碳排放。

持续推动经济社会数字碳减排示范作用。我国积极引导各地区和各行业企业打造"减排效益好、示范效应强"的典型应用，形成可复制、可推广的路径模式，助推数字技术在更多生产生活场景的应用落地。工业和信息化部办公厅组织开展2023年工业互联网试点示范项目申报工作，通知指出，围绕新技术类、工厂类、载体类、园区类、网络类、平台类、安全类七大类27个具体方向，遴选一批工业互联网试点示范项目。地区层面，四川省开展7个地区双化协同转型发展试点，划分为传统行业双化协同转型、城市运行低碳智慧治理、数字产业绿色低碳发展三大类型，分门别类地推进试点工作。山西省住房和城乡建设厅在2023年9月印发《推动建筑业工业化、数字化、绿色化发展的实施方案》，该方案明确到2025年，全省在建项目"智慧工地"创建活动覆盖率超过20%，绿色建筑占城镇新建建筑比例达到100%。行业协会层面，各行业协会通过举办大赛和案例征集活动，如"新绿杯"信息通信行业赋能碳达峰碳中和创新大赛、"智为青绿"数字碳中和技术解决方案与典型案例征集活动，广泛收集数字技术赋能碳减排的创新实践和有益探索，遴选出了多批技术水平领先、减排效果突出、示范效应明显的项目及数字化赋能节能降碳减排的典型应用，并通过新闻推送、大会等渠道开展宣传推广。此外，中国信息通信研究院和工业互联网产业联盟联合发布《数字技术赋能碳中和案例汇编（2022年）》、中国工业互联网研究院发布《工业互联网赋能绿色低碳发展优秀案例》、中国移动发布《中国移动工业能源领域"双碳"项目案例集》、中国信息通信研究院发布《数字碳中和优秀企业实践案例集 工业篇（2024年）》等，总结典型赋能碳减排场景，推动经验交流和成果互鉴，助力赋能碳减排方案的供给和落地。

积极推进绿色低碳智能制造标准布局。标准是经济社会高质量发展的重要推动力，是实现能源和资源绿色低碳发展与高效综合利用、产业结构优化与升级、形成绿色低碳生产生活方式、全面推进经济社会绿色转型发展的重要支撑，对如期实现碳达峰碳中和目标具有重要意义。当前，我国数字技术赋能标准体系初步建立，标准化工作持续推进。2021 年 11 月，工业和信息化部、国家标准化管理委员会联合印发《国家智能制造标准体系建设指南（2021 版）》，智能制造是基于先进制造技术与新一代信息技术深度融合，贯穿于设计、生产、管理、服务等产品全生命周期，旨在提高制造业质量、效率效益和柔性的先进生产方式。之后，结合各行业发展现状和特点，工业和信息化部办公厅相继发布了《建材行业智能制造标准体系建设指南（2021 版）》《石化行业智能制造标准体系建设指南（2022 版）》《有色金属行业智能制造标准体系建设指南（2023 版）》《钢铁行业智能制造标准体系建设指南（2023 版)》《通信行业绿色低碳标准体系建设指南（2023 版）》《工业领域碳达峰碳中和标准体系建设指南》等诸多标准体系。这些标准体系均布局了包括能源管理、安全环保管理、碳资产管理等数字技术赋能领域的相关标准，规划了相关标准的重点研制方向，以推动产业高端化、智能化、绿色化为着力点，充分发挥标准化提升高质量发展水平的效能，指导和规范数字技术赋能领域标准的制修订工作。现阶段，《数字技术赋能钢铁行业碳减排指南》《数字技术赋能水泥行业碳减排指南》等标准已正式发布和实施，未来将充分发挥标准数字技术赋能制造业碳减排领域工作的支撑和引领作用。

数字技术赋能应用场景日渐丰富。我国 5G 应用融入 97 个国民经济大类中的 74 个，"5G+工业互联网"覆盖全部 41 个工业大类，具有一定影响力的工业互联网平台超过 340 家，工业设备连接数超过 9600 万台（套），同步构建了协同高效、技管结合的安全体系。数字技术和产业供给水平大幅提升。我国云计算、大数据等技术创新能力位于世界第一梯队，工业机器人、工业软件等数字产品和服务能力不断提升。截至 2023 年 12 月底，国家两化融合公共服务平台服务工业企业达 18.3 万家，这些企业的数字化研发设计工具普及率达到 79.6%，关键工序数控化率达到 62.2%。工业互联网深入制造业"研、产、供、销、服"等环节，支撑大国重器、服务绿色低碳、促进消费升级、保障安全生产等领域，有力促进产业"智改数转网联"。钢铁、石化、锂电池等领域系统集成能力达到国际先进水平，底盘一体化压铸、电芯精密制造、光伏组件柔性装配解决方案取得突破，全链条数字技术和产业体系初步形成。截至 2023 年 12 月底，钢铁、建材、民爆等领域示范工厂本质安全水平大幅提升，碳排放量减少约 12%。打造 5G 工厂中国品牌，工业和信息化部于 2023 年发布了首批 5G 工厂名录，涵盖 300 家已建成的 5G 工厂，投资总额近 100 亿元。我国建成了 62 家"灯塔工厂"，占全球"灯塔工厂"总数约 40%，培育了 421 家国家级智能制造示范工厂、万余家省级数字化车间和智能工厂，其中有很多绿色低碳的应用场景，扎实推动了制造业绿色低碳转型发展。

2. 政策实施面临的挑战

数字化助力绿色化大有可为，然而数字化发展本身也是能源消耗大户。数字基础设施作为数字化发展的底座，在提供公共服务的同时计算量也呈现指数级上升，带来能源消耗的急剧增加。数据中心是数字基建中耗电和碳排放的最大来源。数据显示，2019 年，我国数据中心的用电量占到全国总用电量的 2% 左右。鉴于此，全球范围内的大型互联网龙头企业纷纷布局数据中心的降碳减排行动。例如，微软公司承诺至 2030 年实现从环境中去除公司自 1975 年以来产生的所有碳排放，实现"负碳"目标。大力推进数字基础设施绿色化已是全球大势所趋。此外，由于当前各行各业的数字化转型正处于深化发展阶段，数字化发展的要素培育、制度建设仍不完备，这对数字化与绿色化融合发展提出诸多挑战。

相关法规政策机制仍需完善。在法规层面，现有生态环境保护、资源能源利用、城乡规划建设等相关领域法律法规中对于数字化与绿色化均是分开提出要求，碎片化严重，不能全面统筹、有序有效推进双化协同转型工作。在政策层面，数字基础设施提升、开放创新合作、数字经济产业创新试点示范等能够支撑双化协同的政策力度不足，融资贷款、土地利用、差异电价、人才培养、税收减免等方面的优惠政策不足，金融政策与产业政策缺乏协调配合。在体制层面，工作领导机制尚不完善，数字化、绿色化由不同部门分头管理，缺乏统一规划；工作协调机制需要进一步健全，各部门间责任分工尚未明确、工作边界容易模糊等问题依然存在；责任落实不到位，缺乏跟踪评估和督促检查。

数字化碳管理尚不规范。数据采集利用的相关权属不清晰。数字化引领绿色化的根基在数据，而数据作为一种新要素，其权属确定与规范使用方面的制度法规尚未健全。碳排放主体的能耗和碳排放监测数据通常与其生产活动密切相关，跨主体的数据交换使用往往涉及不同相关者的利益，因此，当前数据采集标准和使用规范的缺位制约数字化在绿色化进程中的作用发挥。在数字化碳管理体系建设层面，不同区域针对不同目标、对象，分别建立了数字化管理平台，虽然都是利用数字技术开展碳管理工作，但由于数字化碳管理体系建设运营主体、目标和对象不同，无法做到规范统一，存在重复建设、作用重叠等问题。在平台数据层面，不同的建设运营主体、目标和对象，导致各类平台的数据的链接机制不健全、无法实现数据共享联通、数据管理不统一、数据公开程度不高、数据质量参差不齐、数据颗粒度无法协调一致、数据准确性无法保障等问题日益严重。在数字化碳管理体系应用层面，不同平台的数据收集方法、数据统计分析方法等存在明显差异、没有统一协调的方案和依据，平台的智能化分析、精细化管理的水平也不尽相同，这些都推高了地方政府和企业对于平台的使用成本，无法有效开展碳排放管理工作推进。

中小企业数字化基础薄弱。在数字化基础条件方面，根据国家互联网信息办公室发布的《数字中国发展报告（2020年）》，我国规模以上工业企业生产设备数字化率达到49.4%。在我国占比超过85%的规模以下工业企业（年主营业务收入在2000万元以下）中，设备自动化水平、设备联网率、工业软件普及率较低，应用数字技术的基础条件尚需改进。特别是中小企业数字化基础薄弱，在运用数字技术开展研发设计，促进能源管控、节能降耗和回收利用等方面的能力不足。在数字化基础能力方面，提升中小企业数字化水平面临诸多困难，中小企业自有资金不足、欠缺整体数字化实施规划、缺乏相关人才等问题突出，相对大型企业，中小企业难以申请到政府信息化示范试点项目，且中小企业难以快速提升数字化水平和新兴技术应用能力。

数字化与绿色化发展要素培育不平衡、不充分。地区、行业间数字化发展不平衡。当前，我国不同地区、不同行业乃至不同企业之间存在显著的数字鸿沟。受数字化发展资金投入、人才储备、能力建设等的限制，发展落后地区和中小企业往往因数字化能力不足而缺乏数字化意愿，影响全面数字化进程和发挥发展落后地区和中小企业数字化转型在绿色化发展中的作用。绿色化发展要素培育不充分，技术创新和人才培养的短板尤为突出。在技术创新方面，核心技术的研发投入仍显不足，关键技术的自主化水平较低，部分领域仍依赖进口技术，导致绿色产业的竞争力和可持续发展能力受到制约。在人才培养方面，绿色化发展所需的复合型人才供给不足，既懂技术又懂管理、既熟悉国内市场又了解国际规则的高端人才储备明显不足，难以支撑绿色化发展的全面需求。

2.3 数字化与绿色化融合发展政策环境影响因素

当前，全球经济下行压力不减，数字化与绿色化正成为加速全球经济复苏的新动能。推动数字基础设施绿色低碳化发展、加速数字化与绿色化深度融合发展是实现我国经济社会高质量发展的必由之路。

充分认识双化协同发展的重要意义。党中央、国务院高度重视经济社会数字化与绿色化发展，《"十四五"国家信息化规划》指出，要"深入推进绿色智慧生态文明建设，推动数字化绿色化协同发展""以数字化引领绿色化，以绿色化带动数字化"。双化协同发展的提出进一步明确了数字化与绿色化相互支撑、互相促进的协同关系和重要作用。①以数字化引领绿色化发展。近年来，我国数字化进程加速，"数字中国"成为国家战略，数字基础设施建设稳步推进，数字经济成为驱动社会经济发展的核心力量。如何更好地推动数字技术和数字基础设施助力实现国家"双碳"目标成为新时代的重要议题。数字技术、数字基础设施与传统产业的融合将进一步推动产业数字化与绿色化转型，释放全领域数据价值，提高全过程生产效率，降低全链条能源消耗，实现生产效率和能源效能的双提升。②绿色化发展正在成为推动数字化转型的重要驱动力。通过绿色化需求的引导，数字化技术的应用场景和创新方向得到了进一步拓展。绿色化的核心目标是实现节能减排、资源高效利用和生态保护，而这些目标的实现离不开数字化技术的支撑。例如，智慧能源、绿色智能交通、智慧建筑等领域的技术创新和商业模式变革。为此，双化协同发展既要关注数字化如何赋能绿色化发展，又要充分发挥绿色化对数字化的降碳减排作用。

数字技术是赋能基础设施节能降碳的关键抓手。当前，数字基础设施在推动传统产业绿色化转型方面发挥着重要作用，但其自身的节能降碳问题同样受到广泛关注，亟须发挥数字技术在促进基础设施节能降碳过程中的决定性作用，缓解传统基础设施对生态环境和气候变化产生持续性影响的"锁定效应"。数字基础设施节能降碳迫在眉睫。将数字基础设施作为节能降碳工作的重点目标是在源头处推动高质量发展的重要举措。近年来，随着5G、数据中心、边缘计算服务器等数字基础设施的规模化部署，我国数字基础设施发展水平全面提升，智能交通、智慧能源、城市大脑等基础设施体系的广泛建设进一步带来了社会用电量和碳排放增加的压力。数字技术是实现绿色低碳发展的"关键一招"。为应对能耗压力，我国在数字基础设施规划建设工作中发现，运用数字技术能够有效实现节能降碳。在5G网络层面，我国通过不断发展有源天线单元（AAU）深度休眠、站点自适应控制等数字节能技术，探索开展主设备不同工作状态控制和绿色化制冷配电，实现5G网络能效大幅提升。在数据中心层面，运用大数据、人工智能等数字技术，实现数据中心资源的虚拟化，动态优化服务器、存储设备、通信设备等专业设备和系统的工作状态，大幅提升数据中心网络的整体能效。数字技术赋能重点行业节能降碳发展空间巨大。运用数字技术赋能基础设施节能降碳，能够带动各行业实现绿色低碳发展。政府和相关行业主管部门可支持企业通过数字化转型提高应对生态环境变化的能力，鼓励企业运用有利于节能降碳的大数据、人工智能等技术工具，综合运用标准、资金投入、人才培养、试点示范等政策工具，更好地释放数字技术节能降碳的潜力，全方位深化发展各领域数字化降碳减排应用。

运用数字技术加快推进数字基础设施绿色低碳转型。近年来，工业和信息化部系统谋划、多措并举，采取了一系列专项行动推动数字基础设施绿色低碳发展，于2021年发布《"十四五"工业绿色发展规划》《新型数据中心发展三年行动计划（2021—2023年）》等政策规划，执行推动数据中心和5G

等新型基础设施绿色高质量发展的实施方案，组织开展国家绿色数据中心推荐工作。下一步，我们要深入学习贯彻落实党的二十大精神，紧密围绕经济发展和绿色发展战略部署，推动数字化与绿色化协同发展，以数字技术为关键抓手，以数字基础设施为目标牵引，以云计算技术实现"碳虚拟"、以大数据技术开展"碳摸底"、以物联网技术推动"碳感知"、以人工智能探索"碳预测"，加速数字基础设施节能降碳。不断提升数字基础设施的能源使用效率。全面支撑"双碳"和"东数西算"工程相关政策落地，优化数据中心布局，围绕数据中心的电子信息设备、供配电系统等重点场景，推进数字节能技术的研发应用。贯彻执行《数据中心能效限定值及能效等级》，持续完善绿色低碳标准体系，不断提升 5G 网络、算力中心等数字基础设施的能源使用效率，推动各行业数字化与绿色化协同发展。持续优化数字基础设施能源配置体系。积极出台促进数字基础设施与可再生能源协同发展的政策规范，推动可再生能源合理化布局、跨省区交易，提升可再生能源对数字基础设施的供给和可再生能源的交易能力。运用数字技术提升能源配置能力，以数字基础设施为中心搭建能源综合管控平台，推广本地化余热回收技术，优化电力调度和匹配方案，提升全社会的用能效率。积极引导数字基础设施实现数字节能。通过社会资本引导、财政资金补贴等方式，加大对数字基础设施运用数字节能技术的政策支持力度。鼓励行业和地区出台绿色数字基建激励方案，强化数字基础设施的绿色低碳导向，将节能降碳水平、数字节能技术运用水平、可再生能源利用程度作为奖励评判的重要指标，以政策激励的方式推动数字基础设施绿色低碳发展。

第三篇

技术篇

3

第 3 章
数字化与绿色化融合发展的关键技术

3.1 数字技术的分类与发展现状

3.1.1 数字技术的分类

数字技术经过长期发展，其种类和应用场景复杂多样。按照发展阶段分类，数字技术可以划分为传统数字技术和新兴数字技术；按照主要应用方向分类，数字技术可以划分为传输感知技术、数据分析管理存储技术、虚实融合技术、智能学习技术和融合技术。

传统数字技术主要区别于新兴数字技术，它主要是指 21 世纪前的数字技术，此阶段的数字技术主要包括信息技术和通信技术，利用计算机、传统数据库、电信设备等硬件，配合相应设计、开发、安装的系统和软件来实现信息的传输和处理。新兴数字技术则是随着科技的发展，以数字格式处理、存储、传输信息的新技术或已有技术的数字化创新应用，具备新的数字技术、已有技术的数字化创新和对社会经济产生重大影响 3 个特点，主要包括 5G、大数据、物联网、云计算、人工智能、工业互联网、数字孪生、区块链等技术。

数字技术的核心作用主要体现在提高效率、降低成本、增强创新能力等方面，它能够助力实现全社会高质量发展的战略目标，按照其主要应用方向可以分为以下 5 类。①传输感知技术：主要包括 5G、物联网、传感器等数字技术，传输感知技术使物体能够与互联网连接并进行通信和交互，依靠传感器技术收集和传输物理世界中的数据，利用 5G 通信技术，通过物联网将这些数据连接起来，实现智能化的应用和服务。②数据分析管理存储技术：主要包括云计算、大数据、区块链等技术，数据分析管理存储技术通过云计算技术开展虚拟化的计算、存储和管理网络资源，利用大数据技术完成处理和分析海量的数据，依托区块链的分布式存储保障数据的真实可靠，帮助用户发现数据中的模式和趋势，并为决策提供支持，使用户可以根据需要弹性地使用和管理资源。③虚实融合技术：主要包括数字孪生、虚拟现实（VR）、增强现实（AR）、混合现实（MR）等技术，虚实融合技术可以创建一种完全虚拟的环境，使用户能够与这个虚拟环境进行交互，也可以将虚拟元素叠加到现实世界中，提供增强的感知和提升交互体验。④智能学习技术：主要包括人工智能、机器学习、深度学习等技术，智能学习技术可以使系统或设备实现模拟和执行人类的图像识别、自然思考、逻辑处理、语音识别等智能功能，通过不断训练和优化来改进系统和设备自身的性能和表现。⑤融合技术：主要指工业互联网技术，融合技术是指新一代信息通信技术与工业经济深度融合的新型基础设施、应用模式和工业生态，综合使用 5G、大数据、物联网、云计算、人工智能等数字技术，通过对人、机、物、系统等的全面连接，构建全新的制造和服务体系，实现产业的数字化、网络化、智能化发展。

3.1.2 我国数字底座发展现状

"十三五"以来，数字技术进入高速发展期，人工智能、大数据、数字孪生、云计算、物联网、区块链、工业互联网等技术不断创新，为全社会数字化与绿色化融合发展建立了坚实的数字底座。

1. 政策体系不断健全

近年来，我国出台《"双千兆"网络协同发展行动计划（2021—2023 年）》

《5G 应用"扬帆"行动计划（2021—2023 年）》《新型数据中心发展三年行动计划（2021—2023 年）》《全国一体化大数据中心协同创新体系算力枢纽实施方案》《贯彻落实碳达峰碳中和目标要求 推动数据中心和 5G 等新型基础设施绿色高质量发展实施方案》《"十四五"国家信息化规划》《信息通信行业绿色低碳发展行动计划（2022—2025 年）》《工业和信息化部等十一部门关于推动新型信息基础设施协调发展有关事项的通知》等一系列政策文件，加快实施"新基建""东数西算"等工程，支持在全国重点区域建设大数据中心国家枢纽节点，推动打造"4+4"国家级枢纽节点（京津冀、长三角、粤港澳大湾区、成渝双城 4 个节点服务于重大区域发展战略实施需要，内蒙古、贵州、甘肃、宁夏 4 个节点打造面向全国的非实时性算力保障基地），建设数据中心布局更集约、资源利用更高效的新格局，顺应新型信息基础设施发展趋势，面向各类设施，统筹各方力量，加强全国统筹规划布局，加强跨区域均衡普惠发展，强化跨网络协调联动发展，深入跨行业融合共享发展，加快推进新型工业化、构建现代化产业体系、培育发展新质生产力，助力制造强国、网络强国和数字中国建设。2022 年 8 月，工业和信息化部等 7 部门印发了《信息通信行业绿色低碳发展行动计划（2022—2025 年）》，该行动计划提出要引导产业链供应链协同制造，加快绿色技术攻关和转化，建立健全绿色低碳标准体系，深化国际合作。2023 年 11 月，工业和信息化部印发了《通信行业绿色低碳标准体系建设指南（2023 版）》，通过标准化顶层设计和整体规划，提出了行业绿色低碳标准化的建设目标和标准制定的重点方向，对于加大通信行业绿色低碳标准的有效供给，强化相关标准应用实施，有序推进信息基础设施资源综合利用和能效水平提升，促进通信行业赋能社会节能降碳及支撑我国碳达峰目标碳中和目标如期实现具有十分重要的意义。

2. 数字技术持续创新

基础数字技术能力持续提升。国家知识产权局数据显示，截至 2023 年年底，国内有效发明专利增速位列前三的技术领域是信息技术管理方法、计算机技术和基础通信程序，同比分别增长 59.4%、39.3% 和 30.8%，远高于行业平均增长水平。工业和信息化部公布的数据显示，2023 年我国集成电路产量为 3514.4 亿块，同比增长 8.41%。芯片设计整体水平不断提升，基于 X86、ARM、RISC-V、LoongArch 和 SW64 等的软硬件生态不断丰富。

关键核心技术高速发展。先进计算、人工智能、5G/6G 等关键核心技术创新能力不断突破。高性能计算持续处于全球第一梯队。人工智能方面，我国人工智能技术创新势头迅猛。智能芯片、通用大模型等创新成果加速涌现，算力、算法等多方面均取得了突破性进展。生成式人工智能大模型发展迅速，应用场景不断拓展。人形机器人进入提速发展阶段，相关专利累计申请数量增长较快。数据显示，2023 年我国人工智能核心产业规模达 5784 亿元，增速达 13.9%，人工智能核心企业超过 4400 家，我国生成式人工智能的企业采用率已达 15%，市场规模约为 14.4 万亿元。大数据方面，"十三五"期间，国家重点科技研发计划实施了"云计算和大数据"重点专项，在多维度个体信息、大尺度群体信息的透彻感知关键技术、多粒度感知关键技术等方面取得较大进展。大数据智能已列入"科技创新 2030—'新一代人工智能'重大项目"，从生命周期和信息技术体系两个维度全面推进大数据技术体系的建设。

前沿技术进一步突破。量子计算机、新型显示、3D 打印、脑机接口等研发进度不断加快。我国超导量子计算机产业链基本形成，第三代自主超导量子计算机"本源悟空"搭载的硬件、芯片、操作系统及应用软件的自主研发进程加快。量子信息技术正处于从实验室研发向产业化应用过渡的阶段。国家统计局数据显示，2023 年，服务机器人产量达 783.3 万套，同比增长 23.3%；3D 打印设备产量达 278.9 万台，同比增长 36.2%。

数字技术创新生态不断优化。国家数据局发布的《数字中国发展报告（2023 年）》显示，我国已成为全球开源生态的重要贡献力量，源代码贡献量已经达到世界第二。软件企业积极运用开源软件进行协作开发。开源开发者数量已超过 800 万，总量和年新增数量均位居全球第二。各地区加快建设数字技术创新联合体。据不完全统计，国内已成立 40 余家数字技术创新联合体，涉及人工智能、智能制造、数字交通、数字医疗等重点领域，其中江苏、北京、四川等地均出台了推进组建创新联合体的具体政策。

3. 基础设施快速发展

2024 年 8 月，《工业和信息化部等十一部门联合印发的关于推动新型信息基础设施协调发展有关事项的通知》提出了新型信息基础设施的概念，即以信息网络为基础，以新一代信息通信技术创新为驱动，为经济社会数字化转型提供感知、传输、存储、计算等基础性数字公共服务的基础设施体系。新型信息基础设施是一系列互联互通、分工协作设施的集合体，主要包括 5G 网络、光纤宽带网络、移动物联网、骨干网络、国际通信网络、卫星互联网等网络基础设施，数据中心、通用算力中心、智能计算中心、超算中心等算力基础设施，人工智能基础设施、区块链基础设施、量子信息基础设施等新技术设施。

在算力基础设施方面，截至 2023 年年底，全国在用数据中心标准机架超过 810 万架，算力总规模达到 230EFLOPS，居全球第二位，算力总规模近 5 年年均增速近 30%，存力总规模约 1.2ZB。8 个国家算力枢纽节点进入落地应用阶段。算力供给结构逐步优化，包括超算中心、数据中心、智算中心等多种类型。截至 2023 年年底，智能算力规模达到 70EFLOPS，增速超过 70%。全国累计建成国家级超算中心 14 个，全国在用超大型和大型数据中心达 633 个、智算中心达 60 个（AI 卡 500 张以上），智能算力占比超过 30%。在算力中心建设上，我国 58.3% 的算力中心已连接到国家骨干网，为数据的高效传输提供了有力支撑。2023 年年底，全国算力中心平均电能使用效率（PUE）降至 1.47，创建 246 个国家绿色数据中心。在时延达标率方面，枢纽间及枢纽到各地市的时延情况良好，各枢纽均已基本形成覆盖全国大部分省市的 20ms 时延圈，以及覆盖周边省市的 5ms 时延圈，部分省市光层、IP 层时延性能有待进一步优化。

4. 融合应用突破发展

随着数字技术的逐渐成熟，数字技术在能源、工业、交通、建筑、农业等各行业中的应用场景也日渐丰富，虚拟电厂、数字工厂、智慧出行、智慧医疗、智慧教育等应用场景层出不穷。截至 2023 年年底，工业、教育、医疗、能源等多个领域的算力应用项目超过 1.3 万个；低时延、高可靠、广覆盖的工业互联网网络基本建成，截至 2023 年年底，"5G+ 工业互联网"已覆盖 41 个国民经济大类，全国已创建示范应用项目超 8000 个、5G 工厂达 300 个。具有一定区域和行业影响力的综合型、特色型、专业型工业互联网平台数量大幅增加，重点平台连接设备超过 9600 万台（套）。"双智（智慧城市基础设施与智能网联汽车）协同"基础设施建设全面提速。

具体到重点领域，在工业领域，运用数字技术优化生产工艺，模拟生产工序，自主完成最优物料配比、质量检测、入库出库等一系列工作，避免能源资源浪费，提高能源资源利用效率，达到环保设备效率和生产制造效率最优化的生产效果。在交通领域，开展城市级"车路云一体化"示范、智能网联汽车准入和上路通行试点，截至 2023 年 12 月，全国建设 17 个国家级测试示范区、7 个国家级车联网先导区、16 个智慧城市基础设施与智能网联汽车试点城市。累计完成智能化道路改造超过 7000 千米，建设路侧基础设施超 8500 套。在能源领域，运用数据采集、数据监测和分析、负荷预测、能源调度等多种功能模块，实现能源统筹调度和精细化管理。在建筑领域，运用数字技术对建筑从设计、施工、运维到拆除的全生命周期开展实时监测和管理，升级传统建筑建造方式，推进建筑领域智能化、数字化、绿色化转型。

5. 自身节能大幅推进

近年来，我国大力推进数字产业的节能技术应用，推动低碳数字技术和产品的创新发展。《国家工业和信息化领域节能降碳技术装备推荐目录（2024 年版）》推荐了 55 项信息化领域节能降碳技术。产品设备作为数字技术的实施载体，其能效提升可从源头实现。《工业和信息化部等六部门关于印发工业能效提升行动计划的通知》指出，支持制造企业加强绿色设计，提高网络设备等信息处理设备能效。推动低功耗芯片等产品和技术在移动通信网络中的应用，推动电源、空调等配套设施的绿色化改造。近年来，我国持续加强绿色设计标准供给，针对服务器、通信系统用户外机房、机柜、网络存储设备等重点产品发布了相关的绿色设计产品评价技术规范，引导企业开展绿色产品设计。同时，发布节能技术指南、能效测评规范等标准，指导产业开展节能降碳工作。在标准先行的基础上，企业依据相关标准积极开展产品绿色设计，不断提升服务器、通信系统用户外机房、机柜等产品的节能降碳能力。

工业和信息化部数据显示，我国单位电信业务总量综合能耗自"十一五"以来不断降低。"十一五"期间，单位电信业务总量综合能耗从 2005 年的68.5 千克标准煤 / 万元下降到 2010 年的 51.4 千克标准煤 / 万元，累计下降24.9%。到"十二五"末，单位电信业务总量综合能耗降低到 31.5 千克标准煤 / 万元。"十三五"期间，电信业务总量和数据流量呈现爆发式增长（年均增长超过 50%），电信业用电规模却基本维持在全社会用电总量的 1% 左右，单位电信业务总量和单位信息流量的能耗年均降幅保持在 20% 以上。到"十四五"末，将实现 5G 基站能效提升 20%，单位电信业务总量综合能耗下降 15%。

在硬件和软件层面低碳技术的推广应用下，算力服务的计算效率不断提高，能源消耗不断降低，全国数据中心能效水平不断提升。根据中国数据中心工作组（CDCC）相关统计，2021 年我国数据中心的平均电能利用效率（PUE）为 1.49，相较于 2019 年提升了约 7%（2019 年我国数据中心平均 PUE 近 1.6）。截至 2024 年 6 月，全国已累计建成 246 家绿色数据中心，2023 年度国家绿色数据中心平均 PUE 为 1.26，平均水资源利用效率（WUE）为 1.08L/kWh，可再生能源电力平均利用率达到 50%。未来，在蒸发冷却机组、新型氟泵系统设备、液冷技术、智慧机房运维等新技术的规模化应用下，数据中心能效优化空间有望进一步扩大。

3.2　重点数字技术及其赋能绿色低碳发展概述

3.2.1　重点数字技术赋能绿色低碳发展着力点

1.5G 技术

《5G 概念白皮书》指出，5G 是一种具有大带宽、高速率、低时延和多连接特点的新一代宽带移动通信技术，是实现人、机、物、系统全面互联的网络基础设施，是面向 2020 年之后的新一代移动通信系统，是 2G、3G、4G 通信技术进步的结果。综合 5G 关键能力与核心技术，5G 概念可由"标志性能力指标""一组关键技术"来共同定义。其中，标志性能力指标为"Gbit/s 用户体验速率"，一组关键技术包括大规模天线阵列、超密集组网、新型多址、全频谱接入和新型网络架构。

5G 技术赋能绿色低碳发展着力点：5G 技术对行业的绿色低碳发展赋能作用主要体现在着力提升网络供给能力和实现基础设施资源的集约共享等方面。运用 5G 技术对人、机、物、系统等的全面连接，构建覆盖全产业链、全价值链的全新制造和服务体系，为工业乃至产业数字化、网络化、智能化发展提供了新的实现途径，助力企业降本、提质、增效、绿色、安全发展。

2. 物联网技术

《物联网白皮书（2011 年）》指出，物联网是通信网和互联网的拓展应用和网络延伸，它以感知技术和网络通信技术为主要手段，利用智能装置对物理世界进行感知识别，通过网络传输互联，进行计算、处理和知识挖掘，实现人与物、物与物的信息交互和无缝链接，提供信息感知、信息传输、信息处理等服务的基础设施，达到对物理世界实时控制、精确管理和科学决策的目的，对经济社会发展起着重要的推动作用。物联网发展的关键要素包括由感知层、网络层和应用层组成的网络架构，物联网技术和标准，包括服务业和制造业在内的物联网相关产业，资源体系，保障隐私和安全及促进和规范物联网发展的法律、政策等，如图 3-1 所示。

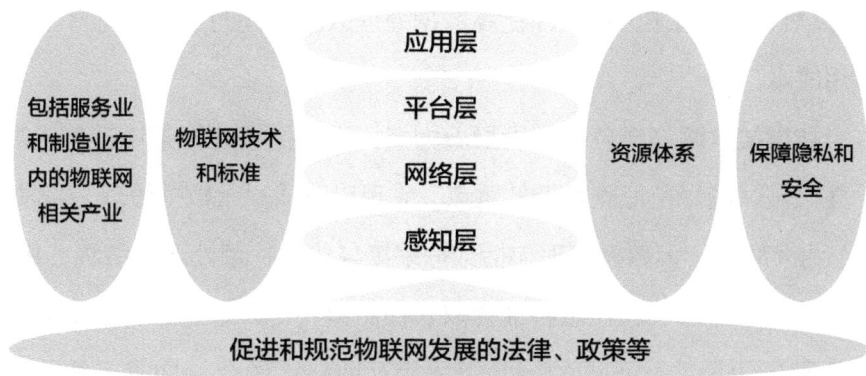

来源:《物联网白皮书（2011 年）》

图 3-1　物联网发展的关键要素

物联网技术赋能绿色低碳发展着力点:物联网技术平台通过感知层、网络层、平台层和应用层 4 个层级赋能绿色低碳发展。感知层是物联网的底层,其功能主要是通过传感器采集物体上的各类信息;网络层的主要功能是通过各类通信协议,将感知层中采集的信息传输至平台层;平台层则是以云计算为核心,对传感器从物体上采集到的信息进行汇总和处理;应用层则基于以上 3 个平台构建实时能耗监测和碳核算体系,准确掌握实时数据和设备运营过程,从而可以有针对性地改进节能减排技术和优化设备运营系统。

3. 大数据技术

《大数据白皮书（2014 年）》表明,大数据是新资源、新技术和新理念的混合体。从资源的视角来看,大数据是新资源,体现了一种全新的资源观。从技术的视角来看,大数据代表了新一代数据管理与分析技术。传统的数据管理与分析技术以结构化数据为管理对象、在小数据集上进行分析、以集中式架构为主,数据应用成本高昂。而源于互联网、面向多源异构数据、在超大规模数据集上进行分析、以分布式架构为主的新一代数据管理技术与开源软件潮流叠加，在大幅提高数据处理效率的同时成百倍地降低了数据应用成本。

大数据技术赋能绿色低碳发展着力点：大数据系统框架设计和大数据平台建设是赋能绿色低碳发展的重点，它可以分成"大数据管理""大数据分析"两大部分，大数据管理包括数据采集与传输、预处理、清洗、集成、变换、归纳、降维、去重、特征提取、存储模块，大数据分析主要涉及数据分析和应用模块，不同的技术模块相互衔接、融合，构成完整的闭环体系。

4. 云计算技术

《云计算白皮书（2012 年）》指出，云计算是一种通过网络统一组织和灵活调用各种信息通信资源，实现大规模计算的信息处理方式。云计算利用分布式计算和虚拟资源管理等技术，通过网络将分散的 ICT 资源（包括计算与存储资源、应用运行平台、软件等）集中起来形成共享的资源池，并以动态按需和可度量的方式向用户提供服务。用户可以使用各种形式的终端（如个人计算机、平板电脑、智能手机甚至智能电视等）通过网络获取 ICT 资源服务。"云"是对云计算服务模式和技术实现方式的形象比喻。

云计算技术赋能绿色低碳发展着力点：云计算技术赋能绿色低碳发展的机理，一方面在于其可以充分利用基础设施和软硬件等资源，使提供同样的业务能力所需的设备数量大大减少，资源利用率大幅提升，从而可以有效减少单位服务能力的能耗和碳排放；另一方面，利用云计算可实现企业内部效率的提升，实现企业内部信息共享、协同办公、互联互通，提高工作灵活性和弹性，提高资源利用率，控制生产成本，促进工艺与技术转型升级，提高生产效率、能源利用效率、环境效率。

5. 工业互联网技术

《工业互联网产业经济发展报告（2020年）》认为，工业互联网是新一代信息技术与工业经济深度融合的全新经济生态、关键基础设施和新型应用模式，通过人、机、物的全面互联，实现全要素、全产业链、全价值链的全面连接，将推动形成全新的生产制造和服务体系，是实现产业数字化转型的关键基础。

对工业互联网的理解，存在着狭义和广义之分。从狭义范围来看，工业互联网包含工业互联网平台、新型网络、边缘计算等融合创新带来的全新领域。从广义范围来看，工业互联网基本等同于工业数字化的相关领域，其根植于传统制造支撑体系，又融合数据感知、互联互通、先进计算、智能分析等能力，带来了传统产业的升级和新产业环节的诞生。

工业互联网技术赋能绿色低碳发展着力点：工业互联网技术是赋能绿色低碳发展的新型基础设施和关键共性技术，其赋能碳减排的机理在于将数字技术与行业特有的知识、经验、需求相结合，加速工业机理模型的汇聚沉淀，催生出平台化设计、智能化制造、网络化协同、个性化定制、服务化延伸、数字化管理六大新模式，促进实体经济降本、提质、增效、绿色、安全发展。

6. 人工智能技术

智能是一种知识与思维的合成，是人类认识世界和改造世界过程中的一种分析问题和解决问题的综合能力。人工智能是相对人的智能而言的。其本质是对人的思维过程的模拟，是人的智能的物化，是研究、开发模拟、延伸和拓展人的智能的理论、方法、技术及应用系统的一门新的技术科学。

人工智能技术赋能绿色低碳发展着力点：人工智能技术赋能绿色低碳发

展的机理包括以下4个方面。一是感知：基于机器视觉的自动化信息提取，如智能巡检、工业识别中的相关功能，相较于传统信息提取方式提升了效率。二是分析：基于各行业、各领域中的海量运行数据，进行学习并形成预测和调优方案，如在工业、能源等领域进行的智能需求预测、智能参数调优等。三是决策：结合行业实践、专家经验和数据分析结果，自动形成实时决策，智能决策机制可通过大量训练进行优化。四是控制：综合多方信息反馈和优化后的训练结果形成智能化处置方案，提升效率。

7. 数字孪生技术

《数字孪生城市研究报告（2018年）》表明，数字孪生（DT）因感知控制技术而起，因综合技术集成创新而兴，是指通过对物理世界的人、物、事件等所有要素数字化，在网络空间再造一个与之对应的"虚拟世界"，形成物理维度上的实体世界和信息维度上的数字世界同生共存、虚实交融的格局。从关键技术看，数字孪生技术要素更复杂，不仅覆盖语义建模、仿真、智能控制、深度学习、协同计算、虚拟现实等多技术门类，还为物联网、人工智能、边缘计算等技术赋予新的要求，多技术集成创新需求更加旺盛。

数字孪生技术赋能绿色低碳发展着力点：由前文可知，数字孪生技术是一种对现实世界进行抽象并完成数字表示与交互的技术。它通过建立物理实体或系统的虚拟模型，实现对实际对象的实时监测、分析和优化。数字孪生在智能制造、智慧城市、航空航天等领域得到广泛应用，有助于提高生产效率、降低运营成本、提升系统安全性。

8. 区块链技术

《区块链白皮书（2018年）》指出，区块链是一种由多方共同维护，使用密码学保证传输和访问安全，能够实现数据一致存储、难以篡改、防止抵赖的记账技术，也称为分布式账本技术。典型的区块链以块－链结构存储数据。作为一种在不可信的竞争环境中低成本建立信任的新型计算范式和协作模式，区块链凭借其独有的信任建立机制，正在改变诸多行业的应用场景和运行规则，是未来发展数字经济、构建新型信任体系不可或缺的技术之一。

区块链技术赋能绿色低碳发展着力点：区块链技术赋能绿色低碳发展的机理，一方面可以促进"双碳"场景下参与主体之间的可信协作、支撑绿色低碳信息的可信记录及可信流转；另一方面有利于构建及时可信的监管环境、可信高效的碳交易平台和市场，保证碳交易过程中交易数据的安全存储与交互，促进碳交易市场公平、安全、高效运行。

3.2.2　数字技术赋能绿色低碳发展面临的挑战

近年来，在产业界的不断探索实践中，我国数字技术赋能绿色低碳发展已经取得了明显成效，随着大数据、人工智能、云计算等数字技术的不断演进升级，数字化与绿色化融合发展将迈向纵深。但与此同时，数字技术赋能绿色低碳发展也面临着数据要素支撑不足、科技创新基础有待加强、财税金融扶持力度不够等挑战。

1. 数据要素支撑不足

利用数字技术赋能绿色低碳发展的效果，高度依赖于数据资源的质量和开发利用水平。在运营管理数据方面，企业对其不够重视，存在数据质量差、数据协议众多、数据接口分散、数据连接能力弱、数据流通环节缺乏统一标准等问题。在数据获取和监测方面，企业对资源消耗、能源消耗、碳排放和污染物排放等关键基础数据的获取和监测的意识与能力尚显不足，不能利用数字技术全面开展数字化、精细化管理。在数据分析优化方面，部分节能系统的应用仍停留在数据收集层面，不能进行大数据分析优化，不能有效发挥数据这一关键生产要素在降碳减排方面的作用。在数据应用方面，主要局限于单点应用，缺乏整体设计和系统化考量，尚未实现数据系统化和规模化应用突破，无法全面赋能节能减碳，数字化与绿色化融合的深度和广度不足，应用空间亟待开拓。

2. 科技创新基础有待加强

科技是支撑数字技术赋能绿色低碳发展的基础。一方面，我国数字技术的高速发展，主要局限于消费服务领域，与其他领域的融合效应参差不齐，工业机器人、自动化生产设备、工业软件研发领域仍存在一定短板；另一方面，应用数字技术面临投入大、投资专用性强、转换成本高、投资周期长、见效慢等问题，试错成本较高，导致行业和企业进行数字化改造的意愿不足，缺乏进行技术创新的能力和动力。另外，我国数字技术与各行业的绿色融合科技在基础研发、示范推广、标准体系建设等方面还存在不足，还需要进一步加强和完善基础研发投入等创新要素和创新环境建设。

3. 财税金融扶持力度不够

数字化系统或平台开发和运行成本较高，受限于人力、资金约束，行业和企业需要权衡节能效果和系统投入的使用成本，数字化发展不平衡、不充分问题仍然比较突出。财税金融资源在数字技术赋能绿色低碳发展方向的投放不足，科研专项和产业化专项在支持物联网、人工智能、区块链、大数据等数字技术赋能绿色低碳应用方面的研发补助、贷款贴息、项目奖励等不足。未能调动社会资本和产业投资的积极性，金融服务支撑作用不足，金融机构向数字技术赋能绿色低碳发展的技术和应用信贷投放力度不够，缺乏对行业利用数字技术促进绿色转型的长期资金支持。

3.3 数字化与绿色化融合的机理与量化评估

3.3.1 数字技术赋能绿色低碳发展的机制机理

我国正在迈向数字经济大国，成为全球数字经济领域的引领者。新一代信息通信技术创新与迭代速度不断加快，并呈现出与制造技术、新能源技术加速交叉融合的趋势，对人类的生产生活方式变革及生产力发展产生了持续而巨大的推动作用，与制造相关的信息技术领域正在进入一个"无处不在、万物互联、虚实结合、智能计算、开放共享"的新时代。

数字化对环境影响的一个重要方面就是赋能效应，即各方在经济和社会活动中使用数字技术产生的效应，数字技术一方面能够帮助减少不必要的经济活动，另一方面通过对经济活动进行优化和非物质化，从而有益于环境。数字技术赋能绿色低碳发展的流程包括绿色低碳相关的信息获取、传递、存储、加工和标准化 5 个环节。其基本逻辑可以归纳为"连接—挖掘—优化、管控—增效"，其作用机制分别是改变价值创造方式、提高价值创造效率、拓展价值创造载体范围和增强价值获取能力。具体而言，数字技术使用户以多种形式参与从研发到生产等价值创造过程，改变企业价值创造的方式；数字技术用数据逻辑强化了企业对生产、运营的管控，提高了价值创造的效率；实现了数据在产业链中的集成和流动，促进企业间的专业化分工，形成价值网，拓展了价值创造载体范围；数字技术弱化了产业边界，催生出"跨界"等新型商业模式，增强了企业的价值获取能力。

3.3.2 数字技术赋能绿色低碳发展的思路步骤

数字技术赋能绿色低碳发展的 4 个步骤：一是数据摸底，利用数字技开展数据采集、传输与挖掘，摸清"碳家底"，开展能源、环保、碳排放等方面数据的盘查，实施数据监测、统计、分析，综合考虑现状、技术发展情况、目标等方面，搭建能源资源需求模型，确定工作重点；二是情景预测，基于绿色低碳发展现状和目标，综合考虑技术进步、资金、人才等方面，对绿色低碳发展进程进行模拟预测；三是明确发展路径，设计科学、系统的绿色低碳顶层规划，研究制定可操作、可落地的发展路径和行动计划；四是实施调整，完善体制机制，明确各部门职责权利，提供机制保障，利用大数据、云计算等技术赋能产业结构调整、能源结构优化、节能提效等，推进经济社会发展全面绿色转型。在此过程中，工业互联网作为技术和产业融合的重要载体，5G、大数据与云计算、人工智能、物联网、数字孪生、区块链等数字技术在赋能绿色低碳发展过程中将发挥数据分析、模拟预测、数据存储等重要作用，如图 3-2 所示。

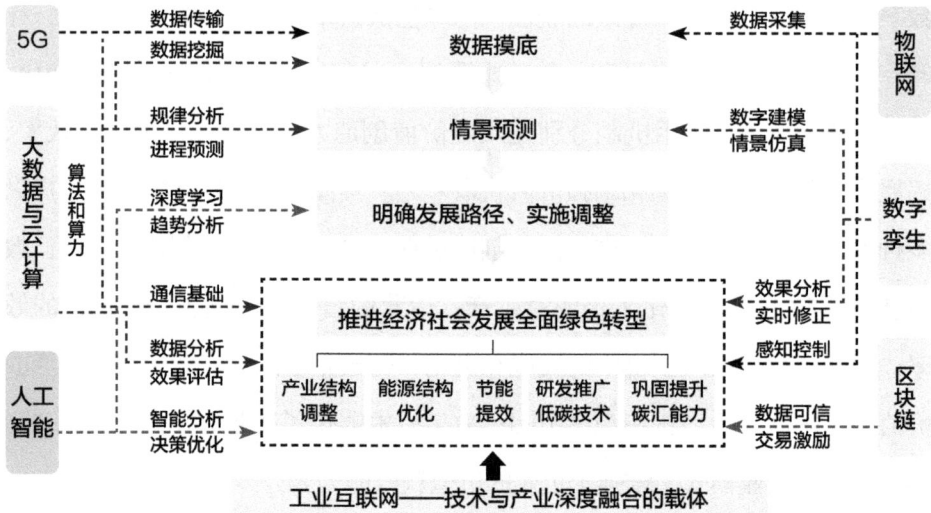

图 3-2 数字技术赋能绿色低碳发展的思路框架

3.3.3　数字技术赋能绿色低碳发展的技术手段

数字技术能够为经济社会绿色低碳发展提供网络化、数字化、智能化的技术手段，赋能产业绿色转型升级和结构优化、提升政府监管和社会服务的现代化水平，促进人们形成绿色的生产生活方式，推动社会总体能耗的降低。一是数字经济以战略性新兴产业中新一代信息技术为基础，可以显著拉动社会需求，对促进产业结构调整和能源结构优化意义重大。二是数字技术对传统产业实施技术的改进和优化配置，引领工艺和服务创新，对支撑低碳发展具有巨大潜力。三是在管理方面，数字技术的应用能够促进绿色低碳管理的高效化。新一代信息技术应用于传统用能领域，促进其能源清洁转型、产业升级、用能效率提升、环境影响降低、资源循环利用等目标实现。

3.3.4　数字技术赋能绿色低碳发展的量化评估

1. 数字技术赋能碳减排的概念和内涵

数字技术赋能千行百业碳减排的重要性日趋显著，产业各界正在积极探索定性＋定量相结合的赋能方法论，全面分析数字技术的赋能效应。目前，芬兰国家技术研究中心（VTT）发布了《碳手印指南 V2.0》，构建了水资源、大气环境等多方面的碳手印方法论，以期衡量各类降低环境影响的策略手段在产品全生命周期所带来的正面环境影响。其中，数字技术是降低环境影响的重要手段之一。

一直以来，我国信息通信行业按照国家节能减排工作的总体决策部署，全面推行节能低碳创新战略，引导行业绿色发展，推动全社会节能降碳取得显著成效。然而，数字技术赋能碳减排缺乏系统的技术赋能发展环境，缺少标准化的方法论引导，阻碍了数字技术与传统行业的融合创新应用。

一是数字技术赋能应用的政策体系尚不完善，战略部署有待加强。随着我国"双碳"目标不断向纵深推进，赋能碳减排的数字技术创新方案不断增多，但数字技术赋能碳减排的政策体系尚未建立，未能对不同技术、不同行业进行分类施策，缺乏数字技术赋能应用的政策体系和精准管理。二是数字技术赋能碳减排的方法论不健全，导致无法系统评估赋能效果。我国对数字技术赋能碳减排的效果缺乏系统研究，尚未建立相关的评估指标体系、核算方法体系等，缺少相关的基础数据，无法有效支撑碳减排的效果评估，从而阻碍了数字技术在碳减排领域的推广应用。三是碳减排方法论尚未形成标准体系，导致数字技术赋能碳减排市场处于无序状态。数字技术赋能全社会的标准体系建设滞后于技术发展和应用，导致其无法为数字技术创新和产业化发展提供及时的引导和保障，制约了数字技术的融合创新，造成市场准入障碍。同时，数字技术赋能的行业和领域众多，其发展的速度和先进化程度各异，我国缺乏差别化的低碳技术行业标准，导致低碳产品市场"鱼龙混杂"，大大降低了低碳产品的市场接受度。

碳足迹是指企业机构、活动、产品或个人通过交通运输、消费及各类生产过程等引起的温室气体排放的集合。碳足迹指的是对环境产生的消极影响，碳足迹越小越好。与之相反，碳手印指的是在人类生产生活过程中通过技术创新、燃料/材料替代、工艺优化等方式所带来的温室气体的减排。相较于碳足迹，碳手印会对气候变化产生积极影响，碳手印越大越好。

手印的概念在 2007 年由联合国教育、科学及文化组织（UNESCO）提出，是指对环境产生的积极影响。UNESCO 将"Handprint Action Toward Sustainability"作为促进可持续发展行动的措施，目标是减少人类足迹。"碳手印"的概念是对手印概念的延伸，最早源自芬兰，由 VTT 和拉彭兰塔—

拉赫蒂理工大学在气候领导联盟的支持下提出。他们指出，增加碳手印的途径通常包括材料和能源的高效利用、减少资源浪费、延长产品使用寿命和回收再利用等。

如前所述，数字技术在实现绿色低碳发展中具有重要的积极作用，通过应用数字技术赋能其他行业减少碳排放量，这种赋能效应被称为数字技术的"碳手印"（以下简称"数字碳手印"）。数字碳手印背后的理念是通过应用数字技术用尽可能少的能源资源产出尽可能多的产品或服务，进而提高能源资源效率、减少碳排放量，通过数字碳手印减小碳足迹，如图 3-3 所示。

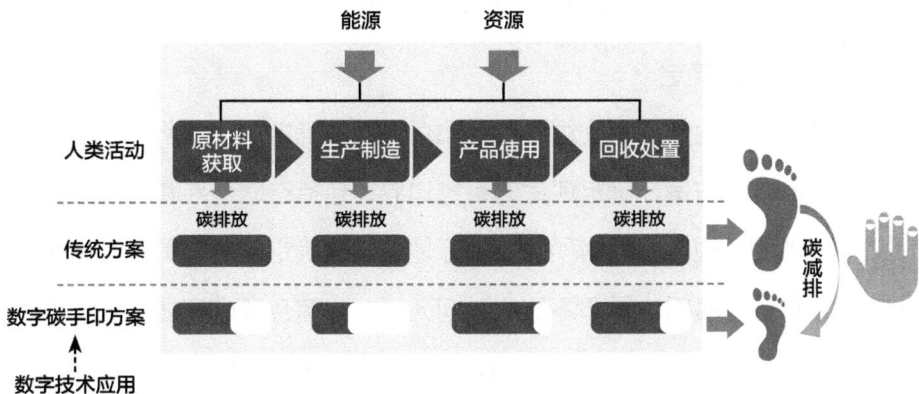

图 3-3 碳足迹与数字碳手印示意

2. 数字技术赋能碳减排的量化评估方法论

（1）数字技术赋能碳减排的量化评估框架

《ICT 技术赋能碳中和（数字碳手印）白皮书（2023 年）》提出了数字技术赋能碳减排量化评估方法论，其整体框架如图 3-4 所示，主要包括评估范围确定、碳排放源识别、情景设置、数字碳手印核算、赋能效果评估分析。

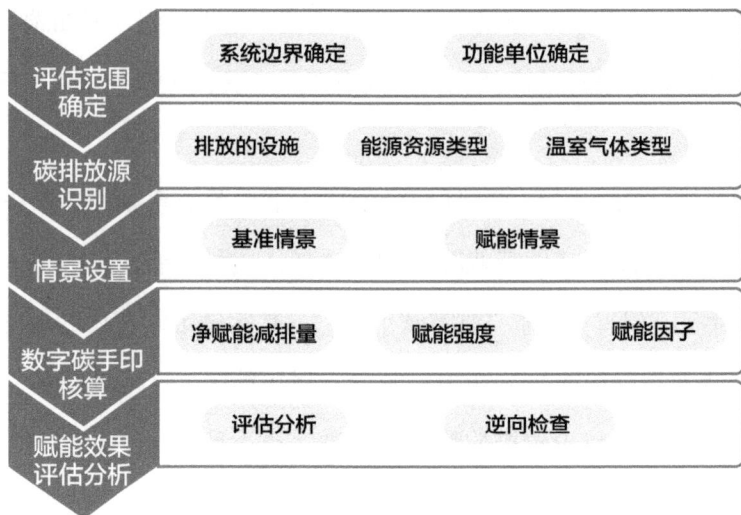

图 3-4　数字碳手印整体框架

① 评估范围确定

评估范围确定包括系统边界确定和功能单位确定。根据所要评估的数字技术赋能碳减排方案，确定评估的系统边界，包括空间边界和时间边界。空间边界，即物理边界，根据项目的实际地理环境确定，可以是一个企业、某个生产工序等。时间边界即评估的时间区间，应综合考虑评估需求和数据质量，选择合适的评估时间段。同时，根据评估项目需求确定最小功能单位，例如评估线上会议的碳手印，则最小功能单位可以设置为小时／人。

② 碳排放源识别

在识别碳排放源时，应包括系统边界内使用电力、热力、化石燃料、其他含碳物质等产生温室气体排放的设施及其消耗的能源资源类型，如煤炭、蒸汽等。温室气体一般包括二氧化碳（CO_2）、甲烷（CH_4）、氧化亚氮（N_2O）、氢氟碳化物（HFCs）、氟碳化合物（PFCs）、六氟化硫（SF_6）与三氟化氮（NF_3）。根据识别的能源资源类型、排放占比、数据可获得性、数据质量等因素可选择适当的温室气体类型进行评估。

③ 情景设置

一般需要至少设置两个情景以评估数字碳手印。

基准情景：没有实施数字技术赋能碳减排方案（以下简称"赋能方案"）时的情景。

赋能情景：实施赋能方案后的情景。

此外，也可根据评估需求，设置不同的赋能情景。

④ 数字碳手印核算

数字碳手印主要包括 3 个指标，分别为净赋能减排量（NER）、赋能强度（EI）和赋能因子（VEI）。

净赋能减排量是指在评估边界内，赋能情景相较于基准情景所带来的温室气体减排量，用于量化赋能方案带来的碳减排效果。

赋能强度是指单次或单位时间内赋能方案所带来的温室气体减排量。赋能强度可作为标准化的赋能方案的减排系数，从而将减排系数直接用于评估其他类似的赋能方案碳减排效应。例如，一场 10 人规模的一小时线上会议的赋能强度，可直接作为减排系数用于评估其他不同规模的线上会议数字碳手印。

赋能因子是指赋能方案中数字技术自身碳排放量在净赋能减排量中的占比，主要用于为相似赋能方案或数字技术赋能场景提供可比较的数字碳手印指标。

⑤ 赋能效果评估分析

根据数字碳手印核算结果，对数字技术赋能碳减排效果进行评估分析，识别高减排环节，明确重点赋能方向，标准化常用赋能场景的减排系数。同时，也可以根据结果进行逆向检查，在系统边界、数据质量等方面进行核对和修正。

（2）数字技术赋能碳减排的量化评估方法

① 计算公式

净赋能减排量为基准情景碳排放量和赋能情景碳排放量的差值，数字碳手印核算方法示意如图 3-5 所示。

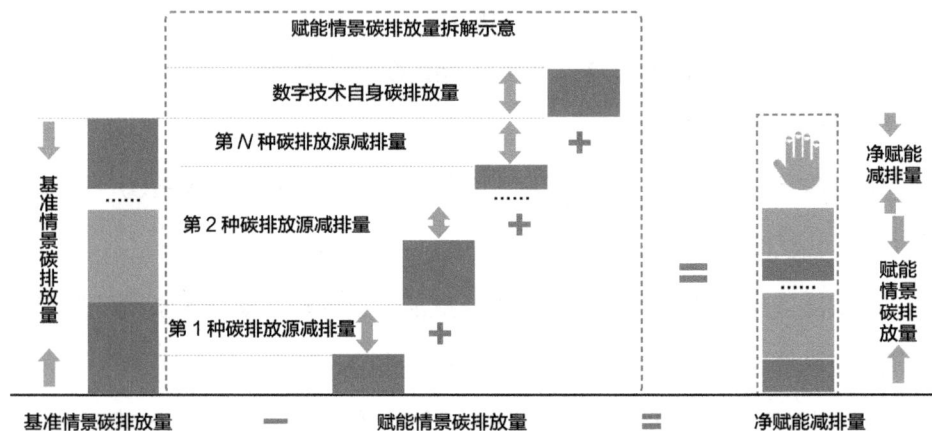

图 3-5　数字碳手印核算方法示意

净赋能减排量具体计算方法如式（3-1）所示。

$$NER = E_0 - E_s \tag{3-1}$$

式（3-1）中：

NER——赋能方案实施后带来的碳减排量，单位为吨二氧化碳当量；

E_s——赋能情景下碳排放量，单位为吨二氧化碳当量；

E_0——基准情景下碳排放量，单位为吨二氧化碳当量。

E_s 和 E_0 可根据实际应用场景中识别的碳排放源计算，即

$$E_s \text{ 或 } E_0 = \sum_N (AD_n \times EF_n \times GWP) \tag{3-2}$$

式（3-2）中：

AD——碳排放源活动水平，单位根据具体碳排放源确定，如煤炭的活

动水平吨;

EF——温室气体排放因子,单位与碳排放源活动水平的单位相匹配,如煤炭的温室气体排放因子单位为吨二氧化碳当量 / 吨;

GWP——全球变暖潜势,一般二氧化碳为 1,其他温室气体可参考联合国政府间气候变化专门委员会(IPCC)提供的数据;

n——第 *n* 种碳排放源。

赋能强度计算方法如式(3–3)所示。

$$EI = \frac{NER}{U} \tag{3–3}$$

式(3–3)中:

U——评估范围内实施赋能方案最小功能单位的次数或时长,根据评估需求确定,如次 / 月、次 / 年或次、月。

赋能因子计算方法如式(3–4)所示。

$$VEI = \frac{NER}{CE} \tag{3–4}$$

式(3–4)中:

CE——赋能方案中数字技术的碳排放量,单位为吨二氧化碳当量。

② 活动水平数据

碳排放源涉及的设施设备所使用的化石燃料、电力、热力、溶剂等的种类、消耗量等数据可以以企业能源消费台账或统计报表、结算凭证等为依据。

③ 排放因子数据

排放因子可根据消耗的各种化石燃料单位热值含碳量和碳氧化率数据计算得到,也可参考国内外公布的排放因子参考值,如生态环境部公布的电力排放因子参考值,相关国家标准、行业标准中的推荐值,《2006 年 IPCC 国家温室气体清单指南》,权威文献等。

第四篇

行业篇

4

数字化与绿色化融合发展的行业路径

4.1 能源领域数字化与绿色化融合发展

　　当前，全球变暖的整体形势越发严峻。2023 年成为全球有记录以来最热的年份，极端天气和气候事件更加频繁，非洲、东南亚和北美洲等地强降水引发严重的洪涝灾害，亚马孙等南美洲多地出现罕见的旱灾，我国北方地区近年来也多次发生破纪录的特大暴雨。2023 年，极端天气事件造成 18 个国家超过 7200 万人面临严重突发性粮食不安全问题，全球能源绿色低碳转型迫在眉睫。近年来，我国能源消费增速持续加快。根据国家统计局的数据，2023 年我国能源消费总量为 57.2 亿吨标准煤，比上年增长 5.7%。2023 年煤炭消费量增长 5.6%，原油消费量增长 9.1%，天然气消费量增长 7.2%，电力消费量增长 6.7%，如图 4-1 所示。推动数字技术与实体经济深度融合，赋能传统产业数字化、智能化转型升级，是把握新一轮科技革命和产业变革新机遇的战略选择。能源是经济社会发展的基础支撑，能源产业与数字技术融合发展是新时代推动我国能源产业基础高级化、产业链现代化的重要引擎，是落实"四个革命、一个合作"能源安全新战略和建设新型能源体系的有效措施，对提升能源产业核心竞争力、推动能源高质量发展具有重要意义。其中，"四个革命"是指推动能源消费革命，抑制不合理能源消费；推动能源供给革命，建立多元供应体系；推动能源技术革命，带动产业升级；推动能源体制革命，打通能源发展快车道。"一个合作"是指全方位加强国际合作，实现开放条件下能源安全。

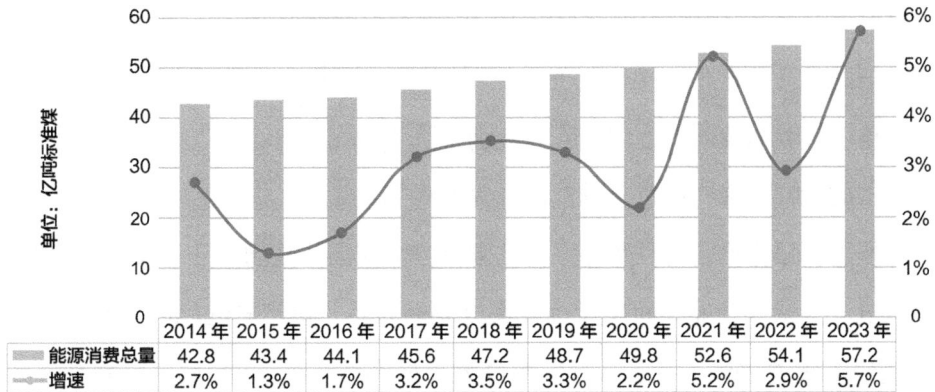

来源：国家统计局

图 4-1　2014—2023 年能源消费总量及增速

能源行业是推进能源绿色低碳发展的主战场、主阵地，能源行业转型升级是实现"双碳"目标的重要路径和必然选择。新时代以来，我国坚持走生态优先、绿色低碳的发展道路，坚定不移地贯彻落实能源安全新战略，能源转型发展不断迈上新台阶，有力保障了经济社会高质量发展的用能需求，有效支撑了美丽中国建设。近年来，我国能源绿色低碳转型取得历史性成就。

能源消费结构转型成效显著。有效落实了节能优先方针，党的十八大以来，单位国内生产总值能耗下降超过 26%，累计节约能源消费约 14 亿吨标准煤。不断扩大清洁能源利用规模，2023 年清洁能源消费比重达到 26.4%，比 10 年前提高 10.9%，煤炭消费比重累计下降 12.1%，绿电消费比重达到 36% 左右。深入推进电能替代，全社会终端用能电气化率达到 28%，比 2014 年提升约 7%。

绿色能源供给能力大幅提升。新能源发展领跑全球，装机规模比 10 年前增长了 10 倍，连续多年稳居世界第一，约占全球的 40%，推动非化石能源发电装机容量历史性超过火电装机容量。可再生能源年发电量达到 3 万亿千瓦时左右，约占全社会用电量的1/3，其中，风电、光伏发电量超过全国城乡居民生活用电量。风电、光伏产品已覆盖全球200多个国家和地区，全球风电、光伏发电成本比10年前分别下降60%和80%，有力推动了能源转型成本的大幅下降，促进全球能源转型和可持续发展。

能源新质生产力加快发展。产业链现代化水平持续提升，我国建成完备的风电、光伏全产业链研发设计和集成制造体系，量产先进晶体硅光伏电池转换效率超过25%，海上风电机组最大单机容量达到18兆瓦。全面掌握大型三代压水堆和高温气冷堆第四代核电技术，"华龙一号"、百万千瓦级水电站等一批重大工程投入运行。能源新模式、新业态加快发展壮大，新能源汽车、锂电池、光伏产品"新三样"年出口突破万亿元大关，助力我国产业链优势不断巩固增强。

能源行业数字化转型相关政策陆续出台。在"双碳"目标下，我国对通过数字化转型助推能源行业碳减排和产业变革的重视程度明显上升。国家发展和改革委员会、国家能源局作为能源行业的主管部门，在能源发展战略规划、产业政策等的制定过程中，对能源行业数字化转型给予了越来越多的考虑。《能源生产和消费革命战略（2016—2030）》提出，要促进能源与现代信息技术深度融合，重塑产业链、供应链、价值链。《煤炭工业发展"十三五"规划》《电力发展"十三五"规划（2016—2020年）》《可再生能源发展"十三五"规划》都提到了产业数字化相关内容。此外，《关于推进"互联网+"智慧能源发展的指导意见》《关于加快煤矿智能化发展的指导意见》等专项政策纷纷出台，促进细分能源行业的数字化发展。同时为加快推进能源数字化、智能化发展，国家能源局还发布了《国家能源局关于加快推进能源数字化智能化发展的若干意见》，强调了数字化、智能化技术在电力、煤炭、油气等行业中的应用，旨在通过技术创新补齐转型发展短板，为能源高质量发展提供支撑。

2023 年，我国一次能源生产总量达到 48.3 亿吨标准煤。但是，如前文所述，同年能源消费总量则达到 57.2 亿吨标准煤，能源自给率维持在 84.4% 左右。由此看来，我国仍然面临着能源供应难以满足需求、油气资源对外部高度依赖等问题。同时，我国为应对气候变暖积极实施能源低碳转型，面临着要有效平衡保障能源安全和推动低碳发展之间的关系的挑战。此外，在"双碳"目标下，能源行业数字化转型的迫切性和重要性显著提升，在政策落地和实践推进的过程中，仍面临多方面挑战。

一是我国内部仍然面临结构性能源短缺风险。长期以来，我国能源消费结构主要以煤炭、石油、天然气等化石能源为主，尤其是煤炭资源消费占据我国能源消费的 50% 以上。在能源消费结构从以化石能源为主向以清洁能源为主转型的过程中，我国面临着天然气资源有限且依赖进口的挑战，同时太阳能、氢能、水能、生物质能等可再生能源受到关键技术、矿产资源、投资和政策等多方面限制，利用率相对较低。因此，我国存在着局部能源短缺的风险。得益于产业结构升级和经济增长质量的优化，我国能源短缺问题得到了一定程度的缓解，但在能源结构尚未优化到位的情况下，转型速度过快可能会在短期内严重影响我国能源安全保障能力，并对现有的能源供应系统造成极大冲击。

二是数字化和碳减排协同有待加强。数字化不仅是产业转型升级的需要，也是碳减排的需要，绿色低碳发展和数字化转型相叠加已成为能源行业发展的新趋势。然而，当前数字化与碳减排的相互融合和互促互济不足，两者协同推进的路径仍需进一步明确。

三是能源安全问题是首要考量。安全保障是发展的前提，能源行业数字化转型面临数字经济本身的安全问题与能源安全问题相叠加的双重挑战。首先，能源行业数字化互联后，无论是能源生产端还是用户端，一旦数据安全没有得到有效保障，其隐私数据尤其是涉及商业秘密、知识产权、关键业务等的敏感数据，将面临在网络中暴露的潜在风险。其次，能源行业是一国重要的战略性产业，能源安全是国家安全的重要内容，能源行业数字化转型还需要考虑能源安全保障面临的新挑战。

四是数据孤岛问题是普遍挑战。数据孤岛是指物理因素、逻辑因素等造成的数据分散，数据无法集中汇聚、开放共享，是各行各业在数字化转型进程中面临的普遍挑战。由于能源是国家重要的战略资源，加上能源行业本身具有的技术物理特性，数据共享面临多重挑战，数据孤岛问题突出。其一，能源行业在信息化建设的过程中，由于数据标准不一，数据质量管理体系不健全，产生了海量多源异构数据，甚至出现"数据打架"现象，给数据的兼容和关联分析带来了严重阻碍。其二，"双碳"目标下能源行业的数字化转型，涉及能源行业中各细分产业的数据，还有能源与环境、生态、碳减排等诸多方面数据的协同，跨部门数据开放共享难度更大。

"双碳"目标对我国能源行业转型提出了新的要求。一方面，要求能源行业以提高质量和效率为导向，转变长期以来高投入、高消耗、低效率的粗放式发展方式，切实推进质量变革、效率变革；另一方面，要求能源行业以绿色和低碳为导向，从不同能源品种、从产业链上中下游、从产供储运销各环节，全方位推进减污降碳，壮大清洁能源、节能环保等绿色产业，助力"双碳"目标的实现。当前适逢新一轮科技革命和产业变革浪潮，产业数字化已成趋势。通过数字化转型助推能源行业绿色低碳发展，是"双碳"目标下能源行业转型升级面临的新任务。能源行业数字化转型不仅是供给侧结构性改革主线下能源行业升级和高质量发展的重要内容，还是能源领域助力实现"双碳"目标的重要途径。随着工业化与信息化、能源革命与数字革命走向深度融合，数字技术在能源系统中的应用范围也在不断扩大。

数字化是能源行业转型升级的必然选择，数字技术在能源领域碳减排过程中的重要性日益凸显。一方面，数字化是赋能传统能源行业转型升级的重要路径。传统能源企业通过信息化、数字化、智能化建设，将信息系统和信息技术引入生产经营流程，大幅提升企业生产率和经营效益，减少资源消耗、成本开支和碳排放量；传统能源行业中积累的大量生产、设备、运行数据等也是其谋求业务转型和创新的要素资源基础。另一方面，数字化转型是培育壮大能源领域新兴业态的必由之路。当前能源行业中，除传统的煤炭、油气等化石能源外，新能源领域技术快速迭代，多能互济、智慧互联已成为能源行业创新的必然趋势。随着数字技术在能源行业的研发设计、生产制造、运维管理、能耗监测、风险预警、消费服务等各环节中日益深度应用和融合发展，能源行业正经历着巨大变革和深刻重构，数字基础设施和数字技术已经成为这些新兴业态发展必不可少的物理和技术基础。

4.1.1　数字化赋能能源生产清洁低碳

就全球能源行业而言，数字化转型的使命是实现敏捷能源。那么，我国应该如何做好传统能源行业的数字化、智能化、绿色化转型呢？其实，早在2021 年，国家能源局、科学技术部印发的《"十四五"能源领域科技创新规划》，就将能源系统数字化、智能化技术作为一项重点任务，提出聚焦新一代信息技术和能源融合发展，开展能源领域数字化、智能化共性关键技术研究，推动煤炭、油气等传统行业与数字化、智能化技术深度融合，开展各种能源厂站和区域智慧能源系统集成试点示范，引领能源产业转型升级。在实现清洁化、低碳化、智能化的综合能源发展进程中，我国能源产业发展依然面临着转型压力大、能源生产总体利用率不高等问题。2023 年 3 月，国家能源局发布《国家能源局关于加快推进能源数字化智能化发展的若干意见》，提出要实现对传统能源行业的数字赋能，需推动数字化、智能化技术在煤炭和油气产供储销体系全链条和各环节的覆盖应用，提高行业整体能效、安全生产和绿色低碳水平。

数字技术带动煤炭安全清洁高效生产。煤矿智能化是煤炭工业高质量发展的核心技术支撑，将人工智能、工业物联网、云计算、大数据、机器人、智能装备等与现代煤炭开发利用深度融合，形成全面感知、实时互联、自主分析决策、自主学习、动态预测、协同控制的智能系统，实现煤矿开拓、采掘（剥）、运输、通风、洗选、安全保障、经营管理等的智能化运行，对于提升煤矿安全生产效率并减少其对环境的影响具有重要意义。实施绿色智慧矿山建设，促进生态环境协调发展。坚持生态优先，开展矿区生态环境智能在线监测，推广矿区地表环境治理与修复、煤层气（煤矿瓦斯）智能抽采利用，推进煤炭清洁生产和利用。融合智能技术与绿色开采技术，新建煤矿要按照绿色智慧矿山建设标准进行设计、建设、运营和管理，生产煤矿要逐步升级改造，达到绿色智慧矿山建设标准，努力构建清洁低碳、安全高效的煤炭工业体系及人与自然和谐共生的煤矿发展格局。实施绿色智能煤炭开采，推动废弃物资源化利用。研发采空区地表沉陷动态监测技术、用矸石等固体废弃物充填采煤技术、地表生态修复技术、煤水资源一体化利用技术，改善矿区生态环境；开展关闭矿井资源挖潜再利用、采空区封存二氧化碳技术研究，实现关闭矿井剩余资源的深度开发。实施煤炭精准智能化洗选加工，实现煤炭清洁高效转化。研发旋流场重介质精准分选、界面调控增强选择性浮选、煤泥水高效固液分离等关键技术装备，突破工艺参数和产品质量高精度在线检测及预测技术，形成煤炭精确分选技术工艺；突破自适应原煤性质全流程智能控制、数字孪生运维等技术，构建智能化选煤技术体系。

数字技术助力油气绿色低碳开发利用。目前，我国各大型油气田企业均不同程度地进行了油气生产自动化、数字化建设。上游勘探和生产环节是油气行业数字化发展的重点。例如，利用超大数据集描述油藏轮廓和结构，利用高度复杂的传感器优化井眼定位，远程控制作业钻头的实时动态等，这些数字化的措施显著提升了油气开采率和生产效率。此外，在下游运营环节，也可以通过智能终端、数据分析等探索零售服务新模式。加快油气勘探开发专业软件研发，推进数字盆地建设，推动油气勘探开发数据库、模型库和样本库建设。推动智能测井系统、智能节点地震采集系统建设，推进智能钻完井、智能注采、智能压裂系统部署及远程控制作业，扩大二氧化碳驱油技术的应用范围。推动油气智能生产技术装备的应用，加快智能钻机、机器人、无人机、智能感知系统等智能生产技术装备在石油物探、钻井、场站巡检维护、工程救援等场景中的应用，推动生产现场井、站、厂、设备等全过程智能联动与自动优化。推动油气与新能源协同开发，提高"源网荷储"一体化智能调控水平，强化生产用能的新能源替代。推动油气管网的信息化改造和数字化升级，推进智能管道、智能储气库建设，提升油气管网设施的安全高效运行水平和储气调峰能力。加快数字化、智能化炼厂升级建设，提高炼化能效水平。

数字技术为新能源发展注入新动能。对于新能源而言，数字技术能够有效帮助其解决短板问题，并对新能源的发展与普遍使用起到重要的推动作用。新能源在发展过程中面临以下两个主要问题：一是消纳问题，指清洁能源装机增长迅速但自身消纳能力有限造成的"弃风""弃光"现象；二是稳定问题，指清洁能源发电不连续、不可控，难以维持电网的稳定供电。数字技术的应用有助于解决上述两个问题。一方面，数字技术能够促进电力基础设施的建设，提升其运行效率，增加新能源的消纳渠道。电力基础设施尤其是输电设施建设不足，运行效率低下，导致大量的电力无法从新能源发电基地输出，这是出现"弃风""弃光"现象的原因之一。将数字技术深度应用于整个能源供应系统中，利用智能电网建设、无人机巡线、输电全景智慧监控等手段助力清洁能源智能网络建设，可提高输电效率，助力解决"弃风""弃光"问题。另一方面，数字技术对用电需求的实时监控和预测能够提高新能源的分配效率，提升新能源稳定性。具体而言，发电与供电企业可通过智能电表、自动化需求响应、能源管理系统、微电网等数字化转换技术，实时监控并自动响应本地电力需求，在生产者和消费者之间提供双向通信。此外，新能源云平台可以实现对新能源发电的全息感知和精确预测，大幅度提高系统的灵活调节能力和新能源消纳能力，为新能源规划建设、并网消纳、交易结算等提供一站式服务，引导新能源科学开发、合理布局，为新能源高比例并网提供支撑，推动新能源高效利用，确保可靠、高效、灵活的电力供应，解决"弃风""弃光"等新能源的强随机波动性带来的问题。这些数字化的信息能够帮助企业更好地预测电力供需情况，再据此进行电力的调节和分配，以解决电力供应短缺和电网供电不稳定的问题。例如，国家能源集团在浙江温州梅屿建设以大容量集中式储能电站为主体的虚拟电厂，通过将其接入电动汽车充电站、分布式新能源等可调资源，预计每年可提高清洁能源消纳 4.8 亿千瓦时的电量，数字化赋能碳减排成效显著。

4.1.2 数字化赋能新型电力智能互联

电网是能源转换利用和输送配置的枢纽平台。提高电网数字化水平是数字经济发展的必然趋势，也是构建新型电力系统、促进能源清洁低碳转型、助力实现"双碳"目标的现实需要。在"双碳"目标下，我国可再生能源机组容量与非化石能源消费占比需保持 10% 和 5% 以上的年均增速。无论从生产与消费量级、需求增长趋势来看，还是从能源结构来看，能源电力的清洁化转型都是推动我国经济社会绿色高质量发展、落实"双碳"行动的核心要求。从供给侧清洁化转型角度来看，需要推动各级能源网络协调互联互通，优化能源系统网络格局，支撑可再生能源大规模、跨省跨区传输消纳及分布式可再生能源的规模化经济利用，改善能源生产和供应模式，提升可再生能源在生产端的结构占比，加速供给侧清洁化转型。从需求侧清洁化转型角度来看，需要在满足用户能源消费需求的基础上，推动传统的能源消费理念向"能源＋服务"的综合消费理念过渡，发掘需求侧消纳绿色电力、节能增效管理及购买绿色证书等多样化需求，充分发掘和调动需求侧消纳可再生能源的潜力与积极性，提升可再生能源在消费端的结构占比，加速需求侧清洁化转型。随着供需双侧清洁化转型的推进，电力系统中风电、光伏接入比例将显著增加，系统将呈现"双高""双随机"特点。"双高""双随机"的特点使电力系统的随机扰动性和对网络信息系统的依赖性明显提升，系统可控性降低，安全风险进一步增加。鉴于此，必须加速建设适应"双碳"目标要求的新型电力系统，而数字技术将成为助力新型电力系统建设的关键。

数字技术推动多能互补。未来，新兴数字技术将深入渗透、影响新型电力系统建设，其中，推动横向的多能互补应用是重要体现。数字技术赋能新型电力系统精准规划。新型电力系统作为连接供需两侧的核心枢纽，可依托数字技术开放、包容等特点，一方面，对能源电力系统中各类生产设备、转换设备、管网系统等进行全工况感知，构建多设备、全工况运行模型；另一方面，依托集成的海量多源异构数据，对多元用户开展精准画像，掌握多元用户用能的特征。以设备全工况运行模型为约束、以供需特征为依据、以供需平衡为前提，挖掘多能互补协同与需求侧资源优化调控潜力，实现稳健投资与精准规划。数字技术赋能新型电力系统的高效运营。在广泛采集与集成用户用能数据、气象数据、宏观经济数据、多能源市场交易数据的基础上，利用关联规则挖掘、机器学习等技术对海量数据进行分析与发掘，准确掌握包括用能种类、用能倾向、用能弹性等多元用户用能的特性，揭示多元用能负荷转移、负荷削减及异质能负荷转换潜力。围绕"两高三低"目标（用能效率提高、供能可靠性提高，用户用能成本降低、碳排放降低和其他污染物排放降低），发挥电、热、水、气多种异质能之间的协调联动特性，从系统层面推动新型电力系统综合能效提升，实现绿色低碳、高质高效运营。数字技术赋能新型电力系统的体制创新。借鉴平台经济与共享经济思维，以区块链等信息技术为支撑，创新去中心化的新机制、新模式与新业态，破除传统能源系统单一中心化运营管理模式，打通系统中各节点、各主体间的服务流、信息流、资金流，推动实现能源系统优化运行、分散决策，促进大网与分布式微能网双向互动及分布式节点协同自治和实时自主交易，同时鼓励创新绿色能源认证、绿色货币、绿色证书等清洁能源新型商业模式，为新型电力系统中新能源的规模化和有序发展提供重要保障。

数字技术协调"源网荷储"一体化。在数字技术赋能新型电力系统的过程中，推动纵向的"源网荷储"一体化协调发展同样重要。一是数字技术助力生产环节变革。一方面，数字技术将推动能源领域的技术框架和信息通信领域的技术体系融合，创新解决供给侧清洁能源出力波动性和需求侧电力消费不确定性等双侧随机性的技术方案，有效支撑集中式清洁能源大规模、远距离传输及分布式清洁能源的规模化、经济化利用；另一方面，工业互联网、数字服务等新技术、新业态的发展将不断催生全新市场主体，这些主体带来的业务领域、产品类别、供应方式变革将推动能源生产和供应模式发生根本性改变，全方位提升以风电、光伏为代表的新能源在生产端的结构占比。二是数字技术助力输配环节变革。推广"云大物移智链"（云计算、大数据、物联网、移动互联网、人工智能、区块链）等数字技术在能源电力系统各环节中的应用，建设以能源物联网为基础的新型电力系统，在实现对新型电力系统运行状态全面感知与实时监测的基础上，促进能源信息的流动与共享，充分发掘能源大数据作为新时期重要生产要素的潜在价值，开展综合能效分析和多环节协调管控优化，通过智能化的能源服务管理系统从供需两侧切入，动态调整新型电力系统运行策略，改善新型电力系统运行状态，为新型电力系统运行效率的提升提供重要支撑。三是数字技术助力消费环节变革。数字技术的应用将赋予用户更广泛的消费选择权，"云大物移智链"等数字技术在新型电力系统中的应用，还可助力实现信息的即时化接收和处理，一方面，各类市场主体将为用户提供丰富多样的综合服务，新业态、新模式不断涌现，传统的"物理能源"消费理念将逐步过渡到"能源、信息、服务"综合消费理念，催生出更加丰富多元的能源消费类型；另一方面，用户依托智能表计等智能化终端设备可实现对自身能效水平的即时感知，辅助用户进行用能决策，为消费行为优化及系统整体效率的提升提供支撑。

数字技术助力智能配电网。智能配电网是通过物联网、云计算等数字技术，将传统的配电网升级为智能化的系统，可以提供数据采集、监测和分析，负荷预测，能源调度等多种功能模块，从而对电力的分配进行自动化的监测、控制协调和精细化管理。无论是出于适应新能源大规模高比例的并网、消纳要求，还是为了支撑储能等分布式能源设施的广泛接入，智能配电网在电力行业发、输、配、售、用等各个环节中的应用都将加速企业低碳转型。从发电端来看，及时分析数据、预测发电量成为刚需。发电量的增长将给发电端设备带来增量压力，从供求关系角度分析，供电不足的地区可能会出现供需关系失衡的情况，进而造成局部停电，而电力供应超负荷的地区会造成电力资源浪费。因此，对电力进行智能化预测、调控的重要性凸显。同时为了推进落实"双碳"行动、构建新型电力系统，我国能源电力的发展格局和市场环境正在发生深刻的变化，可再生能源在我国能源系统中的地位更加突出。我国可再生能源装机规模及总发电量均增速迅猛，占比不断提升。在此背景下，对电力的管控将成为刚需。从用电端来看，场景化新需求驱动力持续增长。在"双碳"目标和"新基建"战略背景下，分布式能源、电动汽车等新场景大量出现并接入电网，一个高度互联的能源体系正在形成。朗新集团在 2023 年年度报告中表示，场景化会成为能源服务的新动力。传统的基于重资产提供能源服务的商业模式升级为能够进行服务交换的平台模式，基于各种场景，更多本地能源服务快速涌现。在需求侧，根据北极星储能网的信息，未来大规模的分布式电源 + 需求侧储能 + 用户负荷控制会形成虚拟电厂或微电网，实现能源互联网的落地，并可能成为实现"碳中和"的最主要手段。在此基础上，综合能源服务、分布式光伏云平台、聚合充电平台等新兴服务、平台会获得广泛应用。随着"双碳"目标的推进和"新基建"的进程加快，更多更细节的场景化新兴需求不断衍生，并创造新的市场价值，这在未来将成为能源数字化、能源互联网领域的重要增长动力。从电网设备运维来看，安全高效运转成为趋势。在运行和维护环节，数字技术可以为电网设备提供全面的体检，包括智能巡检、故障维修、故障提前预测等，助力实现电网设备延寿，保证电力系统的安全高效运转。通过分析开关分合次数及设备投运时间，可提前预测设备的故障并及时进行设备维护，从而缩短停机维修时间和减少电力设备的能耗，减少能源的浪费和碳排放量。例如，国家电网江苏电力推进的"远程智能巡检替代人工例行巡检"，通过一键巡检功能代替人工现场巡检，工作效率提升了 90% 以上，大大节省了巡检的时间和人力成本，避免了巡检期间设备空转带来的碳排放。

4.1.3　数字化赋能综合能源系统智慧集成

综合能源系统智慧集成是推动能源领域绿色低碳发展的重要手段之一，通过建设区域综合能源系统、园区综合能源系统、楼宇综合能源系统，传统单一能源发展的技术壁垒、市场壁垒和体制壁垒被打破，不同类型能源之间可协调互补，能源生产、传输、存储、消费各个环节的灵活性提升，能源粗放式发展模式发生转变，助力实现能源清洁、低碳和可持续发展。

在技术革命创新突破方面，综合能源系统打破了传统单一能源发展的技术壁垒。一是规划技术，有效整合光伏、风力发电、热泵、沼气冷热电三联供、工业余热余压回收等分布式能源资源，设计优化能源生产模式，有效提升可再生能源的结构占比；二是协调运行技术，加强分布式能源和多种能源的互动，实现可再生能源时空转换利用，创新可再生能源、传统发电机组及储能的协调运行技术，发挥异质能源之间的联动特性；三是能效优化技术，通过推动综合能源系统能源设备能效优化技术创新，挖掘不同工况下各类设备的运行特性，实现各类能源设备物理出力状态的数字孪生，从全局最优角度实现综合能源系统多类型设备的能效优化；四是数智化技术，借助大数据、区块链、人工智能、云计算等数字技术进行综合能源系统的高效管理和精准匹配，破解能源"不可能三角"问题。因地制宜布局颠覆性技术，为"双碳"目标的实现提供技术支撑。

在生产要素创新配置方面，综合能源系统打破了传统单一能源发展的市场壁垒。一是市场交易主体新，培育虚拟电厂、负荷聚合商、储能电站等新型市场主体，建立能源消费与能源生产的互动及不同能源需求之间的协同关系；二是市场交易机制新，建设全国统一能源市场、创建市场导向的能源价格机制，推动跨区域多能源系统市场交易技术创新，实现跨区域多能源的联动交互，促进跨区域能源消纳和交易机制的完善；三是市场建设战略新，制定"近期 + 中远期市场建设两步走"战略，形成"中长期 + 现货 + 辅助服务"市场体系，加强不同电力市场间的相互耦合、有序衔接；通过市场手段或管理手段，以综合能源系统的灵活性特点为基础，加强能源市场与其他市场主体的合作与互动。推动新能源等各类先进优质生产要素向发展新质生产力顺畅流动和高效配置，实现生产要素配置的最优效果。

在产业深度转型升级方面，综合能源系统打破了传统单一能源发展的体制壁垒。一是能源规划产业，开展灵活的综合能源系统角色设计，打造低成本、低排放、低依赖、高能效的多维度综合能源规划产业；二是能源运维产业，研发能源采集和控制终端，推动能量流与信息流的深度交互，打通平台层与感知层之间的信息交互，支撑综合能源运维产业；三是能效提升产业，开展以"云大物移智链"为技术支撑的能源数据挖掘，打造综合能源数据服务生态体系，助力提升综合能源系统整体效率；四是需求响应产业，以高效运营为引导，分析与发掘多源异构数据特征，揭示多元用能负荷转移、削减及异质能转换的潜力；以高质量消费为引导，推广智慧用能平台、智能自动响应终端、虚拟电厂等新技术与新业态，充分调动用户参与需求响应的积极性。

此外，聚焦综合能源系统智慧集成，围绕太阳能、风能、水能和生物质能等绿色能源产业，探索产能、配能、用能新模式，积极培育孵化智慧能源物联网、综合能源供应、氢能制备及储运等重点产业。

在培育孵化智慧能源物联网产业方面，建立融合光伏、储能、充换电、微电网、负荷聚合等的综合智慧能源系统和智能管理平台，不断完善区域能源物联网，实现能源智能管理。搭建综合能源智能管理平台，培育一批能源物联网相关企业，推动一批研发中心、平台公司、生产制造基地落地，构建智慧能源的完整产业链，打造一批智慧能源物联网领军企业。根据《2023—

2024 中国物联网发展年度报告》，我国物联网市场规模持续增长，预计到 2024 年年底有望突破 4 万亿元大关；我国能源物联网市场规模从 2016 年的 1750 亿元增长至 2023 年的 3920 亿元，年均复合增长率约为 17.7%，处于高速增长阶段。

在培育孵化综合能源供应产业方面，培育一批综合能源供给企业，搭建一批综合能源供给站，建设一批小型热电联供能源中心，为企业生产及运营提供冷、热、电、水、气等多种能源的供应。同时，打造一批"合能"领军企业，培育一批"绿能"供应产业，挖掘一批综合能源供应新场景，探索"光伏 + 氢能""风电 + 氢能"等综合能源供应新模式，促进形成多能互补、多能协同的供能新业态。

在培育孵化氢能制备及储运产业方面，建设一批氢能制、储、加、用一体化基础设施，布局氢能全产业链，孵育氢能产业生态，推动制氢、储氢、用氢产业生态集群式发展，打造一批氢能产业链重点应用场景，重点发展一批氢能、新型储能、碳捕获利用与封存等细分产业。同时，建立氢储能研发基地，加强先进氢能技术、材料和装备的研发，开展新型储能关键技术攻关，发展新型液流电池储能、空气储能等关键核心技术及系统集成技术，建立中试平台、制造和成果转化基地，加快推进加氢站等氢能基础设施建设和氢燃料电池汽车示范应用。

4.2　工业领域数字化与绿色化融合发展

4.2.1　区域层面：特色发展因地制宜

1. 资源型：实施数字化改造，推进"数字赋绿"

资源依赖型城市资源富集，其资源开发与经济社会发展、生态环境保护之间不平衡的矛盾突出，可持续发展压力较大，工业绿色低碳转型迫在眉睫。

一是用数字技术调整优化能源结构。资源依赖型城市往往具有较好的自然气候和生态资源禀赋，可结合自身在太阳能、风能等方面的优势，推动可再生能源的规模利用。在能源供给侧，实施能源互联网建设行动，抢占转型发展制高点，加快建设能源大数据中心，构建"风光水火"多源互补、"源网荷储"协调高效的"互联网＋"智慧能源系统。

二是用数字技术对传统行业进行绿色化改造。运用数字技术改造传统产业，提高传统产业的信息化、数字化、智能化水平，挖掘传统产业潜力，增强传统产业产品制造和研发能力，推动传统产业及其产品向价值链高端迈进，生产出更多低消耗、少污染、高附加值产品。在生产末端，资源产业在开采过程中和使用后均存在大量废弃物，可以利用数字技术创新改善工业固废回收利用方式，建立高效、规范的"互联网＋"固废回收体系，推动工业固废"变废为宝"。

2. 创新型：推动低碳产业建设，实现"数字强绿"

与中西部相比，创新型地区高技术产业和高端制造业占比大，工业化水平高，科技实力雄厚，绿色制造和数字经济发展程度高，工业数字化与绿色化融合发展的基础较好，如北京、上海、天津、江苏、浙江、广东等省市，可为全国其他地区作出表率和示范。

一是推动战略性新兴低碳产业建设。建立以低能耗、高产出为特点的高端化、智能化、绿色化和服务化新型工业体系，是东部地区推进工业数字化与绿色化融合发展的重要路径。基于区域自身良好的科技支撑和人才储备，推动新能源、电子信息等战略性新兴产业的发展，培养其成为区域低碳发展的重要支撑和新的经济增长点。

二是以数字技术引领工业绿色转型。搭建基于云计算等数字技术的区域绿色工业大数据服务平台，开发该平台的节能诊断、能耗环保对标、绿色指数评价等功能，促进企业、园区和政府能源环境管理的精细化和高效化。推进企业能源管理智慧化，建设工业重点用能单位能耗和碳排放信息在线采集和动态监测系统，大力推动企业能源管理中心、可视化用能监控系统建设，加强能源数据和碳排放信息的深度挖掘和利用。

4.2.2　行业层面：提升效率，分业施策

1. 钢铁行业

（1）钢铁行业绿色低碳发展现状

一直以来，我国都是全球最大的钢铁生产国和消费国。钢铁行业是社会经济发展的重要支柱行业，也是能源消耗大户。根据《世界钢铁统计数据2024》，2023年，我国粗钢产量为10.19亿吨，占全球粗钢产量的53.9%；我国成品钢表观消费量为8.96亿吨，占全球成品钢表观消费量的50.8%。就碳排放量而言，我国钢铁行业碳排放量占全国碳排放总量的15%左右，碳排放量位居制造业31个门类首位。在工艺结构方面，我国钢铁行业以高炉—转炉长流程工艺为主，严重依赖煤基化石能源，是导致碳排放量较高的首要因素，其中，高炉—转炉长流程工艺碳排放量约占碳排放总量的74%。近年来，尽管钢铁行业在节能减排上付出了巨大努力，从结构减碳、绿色能源降碳等方面多措并举，碳排放强度逐年下降，但由于体量庞大和钢铁生产工艺流程的特殊性，碳排放总量控制的任务仍十分艰巨。

钢铁行业生产流程长、生产工艺复杂，主要面临设备维护效率低、生

产过程不透明、下游需求碎片化、绿色生产压力大等痛点，发展智能化制造、精益化管理等模式潜力大。随着我国钢铁工业装备数字化水平的提升，未来依靠装备大型化来提高能源利用效率的潜力空间将越来越小，数字化将会发挥更加显著的作用。在"双碳"目标的约束下，采用数字化手段建立钢铁行业的能源管控体系、不断优化钢铁生产工序间的界面流程、强化钢铁生产控制、推动节能降耗、助力钢铁行业绿色低碳发展已成为行业的普遍共识。

（2）数字技术助力钢铁行业碳减排的实施路径和应用场景

① 低碳钢铁产品研发和碳足迹管理

一是基于钢铁产品全生命周期的理念，依托工业互联网、大数据等技术，建立材料开发全链条数据库，结合冶金原理和模型，深度挖掘相关大数据，指导材料制造中钢渣微粉、钢铁渣复合粉等成分占比的控制范围，构建以大数据和材料信息学为基础的钢材研发体系，研发轻质、高强度、高性能的低碳排放钢材。二是通过建立原材料全链条碳数据库，构建涵盖碳监测、核算、优化的产品碳足迹管理体系，自动核算碳足迹数据，结合冶金原理、模型及工业大数据，深度挖掘高碳环节中的节能降碳潜力，助力低碳钢铁产品的研发。

② 生产工序智能协同

一是工艺协同优化。根据差异化的钢种、规格与用途，建立不同钢铁产品从加热到轧制完成的工艺规范库，基于数字技术进行工艺模型的数字化表达，对钢铁生产过程进行仿真，优化生产工艺流程和生产工序间的衔接配合，减少工艺研发过程中的资源浪费，降低碳排放水平。二是智能排产。运用"5G+工业互联网"技术搭建可视化、可分析、可预警模拟、可快速决策的智能排产体系，利用工艺理论模型算法，综合考虑生产计划、原料需求、设备运行状态，自动制定烧结、球团、热轧、冷轧等工艺流程的生产计划和执行方案，提高企业的生产效率。

③ 产业链供应链协同

一是优化调度。运用互联网技术打造智能钢铁生态圈，汇聚钢铁生产企业、上游原材料供应商、下游需求方、运输与仓储服务商、金融服务机构等行业主体，实时汇集、分析和交互企业的生产要素、运营管理、上下游供需信息，满足零库存运营要求，有效化解产能过剩问题，从而减少过度生产导致的碳排放量。二是协同降碳。围绕产业链、供应链各个环节，建设全生命周期的绿色低碳供应链管理体系，开展全流程碳排放核算，筛选绿色低碳供应商，推广低碳产品先试先用，构筑绿色低碳供应链、产业链，推动钢铁产品绿色低碳产业链的迭代升级。

2. 石化化工行业

（1）石化化工行业绿色低碳发展现状

石化化工行业具有产业链条长、上下游关联紧密、原材料产品互供数量大等特点，且门类众多，产品数以万计，工艺流程复杂，能源消耗总量大，对环境的污染严重。石化化工行业不仅是国民经济的重要支柱产业，同时也是能源和资源加工转化行业。我国石化化工产业规模位居世界第一，在稳增长、稳投资、稳外贸等方面发挥着重要作用。在"碳中和"目标下，石油在交通燃料中的需求增速将逐渐放缓，石油加工将由"以生产燃料为主"向"多产化工原料或材料"转型，有机化学品的需求增速持续增长。

石化化工行业内部能源消费集中度高，能源不仅是主要的生产原料，还是动力和燃料。以能源为原料的产品，如合成氨（氮肥）、乙烯、丙烯、电

111

石、甲醇、成品油等，其能源消费量已超过石化化工行业总用能量的一半，且主要为化石能源。因此，能源成本对这些产品生产存在较大影响，合成氨、电石、甲醇等与国外同类产品相比能耗偏高。相较于钢铁、水泥等工业行业，石化化工行业的碳排放总量较低，但碳排放强度较高，其能效利用率低于世界先进水平，国内目前能够达到能效标杆水平的企业产能合计在电石总产能中所占比例在 10% 左右，低于能效基准水平的电石产能比例在 30% 左右，与国际先进水平相比普遍存在 10% ～ 30% 的差距。

（2）数字技术促进石化化工行业碳减排的实施路径和应用场景

① 生产制造的智能建模仿真和自动控制

以石化化工行业工艺流程为基础，运用能量平衡原理、反应动力学原理等建立机制模型，利用仿真平台进行石化化工行业工艺流程仿真，模拟生产状况、工艺系统、设备启停、故障处理，实现生产控制培训前移。利用生产制造信息平台和生产装置上面的先进自动控制系统，结合能源管理系统，实时采集各类能源供应、生产、输送、转换、消耗全过程的完整能源数据和工艺数据，对能源供应、设备的启停状态等关键指标进行重点监控，实现能源供给与生产负荷联动调整等功能，提高蒸汽等能源的二次利用效率，降低工艺参数的波动方差和装置能耗，提高综合能源利用率，进而促进整个生产过程的节能减排、安全环保。

② 环境污染物管控和安全生产

在环境污染物管控方面，建立环境智能监测与管控体系，能够对生产装置及储运系统的废水、废气、固体废弃物等各类污染物排放的浓度、流量、超标次数及噪声进行实时动态监测、智能分析及可视化管理，实现对污染物全过程的管控，实现"达标排放"。在安全生产方面，企业利用先进的工业互联网技术进行智能安全监测，覆盖生产装置运行、工艺流程、操作规范及现场作业等关键环节，保障生产平稳运行。对非正常状况和安全风险进行报警，同时利用数据统计与分析技术等，加强与现场部门和消防机构之间的联络与协作，对产生的安全隐患进行迅速处理，确保石化化工生产稳定、持续运行，守住安全生产的"红线"。

③ 碳资产数字化管理

在线计算企业各环节碳排放、碳资产数据，采用数据分析和应用技术，能够及时、准确、完整地反映企业碳排放情况，实现对设备装置和生产过程碳排放情况的事前预测、事中跟踪、事后分析，及时优化生产工艺流程，提高碳减排和碳交易效益。建立企业碳资产管理机制和体系，实时跟踪企业碳达峰碳中和工作进展和计划执行情况并优化方案，实现企业碳资产清晰、碳管控到位、碳分配合理高效的低碳化管理。

3. 建材行业

（1）建材行业绿色低碳发展现状

建材行业是国民经济重要的原材料及制品工业，也是典型的资源能源承载型行业，具有碳排放总量大、组成多样、领域集中、重点领域过程碳排放占比高的特点，是我国能源消耗和碳排放最大的部门之一，其碳排放量占钢铁、化工、建材 3 类主要工业碳排放量的 35%。建材行业碳排放主要存在以下 3 个阶段，即过程排放（原料分解）、燃料排放（化石能源）和间接排放（以电力为主）。在过程排放阶段，在水泥及玻纤的生产过程中，碳酸钙分解产生的二氧化碳较多，排放占比达到 60% 左右；在燃料排放阶段，如玻璃、瓷砖、玻纤等部分子行业需要消耗大量的燃料去维持生产过程中所需要的温度条件，在其燃烧过程中会释放一定的二氧化碳；在间接排放阶段，主要是电力等能源消耗导致的碳排放，建材行业中间接排放占比较低。

建材行业属流程制造，其业务连续性和精度要求比石化化工行业略低，存在生产效率不高，生产加工可持续性不强，劳动力紧缺，资源能源消耗大，自动化、智能化和信息化水平参差不齐等突出问题。采用数据采集分析、窑炉优化控制等手段可以提升能源资源综合利用效率，促进全链条生产工序的清洁化和低碳化。探索运用工业互联网、云计算、5G 等数字技术，对企业碳排放进行在线实时监测，追踪重点产品全生命周期的碳足迹，建立行业碳排放大数据中心是实现建材行业数字技术赋能碳减排的主要途径。

（2）数字技术促进水泥行业碳减排的实施路径和应用场景

水泥行业碳排放是建材行业碳排放的第一大来源，建材生产环节接近一半的碳排放量源自水泥生产，2020 年水泥生产碳排放量为 13.2 亿吨，约占建材行业碳排放总量的 80%，由此，数字技术促进水泥碳减排成为建材行业的重要降碳举措。

①数字技术赋能水泥行业设备设施的智能管控

数字技术赋能水泥行业设备设施包括生产、感知及环保等设备的智能管控应用场景。在生产设备层面，应用工业机器人、智能巡检装备和设备管理系统，集成故障检测、机器视觉、AR/VR 和 5G 等技术，实现对设备的高效巡检和异常报警，同时应用高级计划与排程（APS）系统，集成调度机理建模、寻优算法等技术，进行基于多约束和动态扰动条件下的车间排产优化。在感知设备层面，通过在生产关键节点安装智能监测设备，并依托 5G 的高带宽、低时延特性，实现生产数据的实时传输，基于窑尾能耗、入窑物料分解率及温度设定等关键工艺参数，构建分解炉智能优化控制系统；同时，通过采集现场视频数据，运用机器视觉技术进行特征提取与智能分析，结合模态分析、聚类算法及分类模型等大数据与机器学习方法，建立设备运行状态数字模型，实现运行异常的智能诊断与预警功能。在环保设备层面，应用机器视觉、智能传感和大数据等技术，构建环保管理平台，开展污染源管理，实现全过程环保数据的采集、监控与报警，同时依托环保管理平台实现碳排放实时监测、分析预警和碳排放优化方案的辅助决策。

②　数字技术赋能水泥行业生产制造环节的安全高效

数字技术赋能水泥行业生产制造环节的安全高效，包括矿山爆破与开采、生料和煤粉制备、熟料煅烧、水泥制成等应用场景。在矿山爆破与开采环节，5G 无人机航拍能够定期采集地形变化信息，同时结合 AI 图像识别和矿山开采监控系统，可以实现对矿山无死角大范围监控，减少爆破警戒人员，提升爆破后地形数据采集的效率，提高矿山开采的均化开采及智能化水平。在生料和煤粉制备环节，智能设备调节生料和煤粉制备相关参数，防止出现过粉磨和欠粉磨现象，降低电耗。同时采用生料配料在线分析仪及其配套的生料配料调整软件，实现在线调整生料配比，提高入窑生料的合格率，从而保证窑炉系统热工制度稳定，减少工艺故障，提高熟料的生产质量，进而实现节能降耗。在熟料煅烧环节，依托工业互联网和物联网等数字技术实时监测窑内相关参数，确保煅烧熟料处于最佳状态，实现风、煤、料之间的相互平衡及能源资源利用效率的最大化。在水泥制成环节，对车体采用 3D 感知技术，支持多车型装车操作、多机多车道不同垛型同时装车，实现来料、插包、装车自动操作与无人值守，提升包装效率。

③　数字技术赋能水泥行业能源管理智慧精益

数字技术赋能水泥行业能源管理智慧精益包括用能实时监控、能耗统计分析、能源综合管理、节能优化管控等应用场景。在用能实时监控方面，在用能单位、次级用能单位安装监控设备，在主要用能设备上安装能源计量器具，采用远传方式，分类、分项、分级采集能耗数据，实现对用能单位能源利用状况的实时监控。在能耗统计分析方面，基于大数据技术统计相关能耗数据，并运用数字孪生、云计算等技术对主要用能设备能耗数据、系统参数、产量数据、质量数据、运行操作方法及环境条件等数据进行同步分析，实现能源的高效利用。在能源综合管理方面，综合考虑用能情况、生产实际情况、能源价格等建立优化调度模型，根据能源用户需求灵活制订能源供需计划，提升用能合理性，同时结合能源预测数据，开展多能量流协同管控，实现全局能源动态平衡与优化调度，保障供能的平稳高效。在节能优化管控方面，对关键耗能设备和高耗能加工流程进行实时数据采集，结合大数据、人工智能算法，分析耗能的关键因素，基于模型预测控制算法，识别设备运行参数并动态调节工艺参数，找出能耗低的参数来指导实际生产，提高关键耗能设备的运行效率，减少能耗成本，生成高效的能耗管控方案。

4. 纺织行业

（1）纺织行业绿色低碳发展现状

我国是世界上公认的服装生产和出口大国，同时也拥有世界上最大的服装生产基地和消费市场，纺织行业具有劳动密集程度高、对外依存大的特点。从排放情况来看，纺织行业是轻工业中能源消耗较大的产业之一，其能源消耗量约占轻工业能源消耗量的1/3。从纺织品全生命周期来看，印染环节化石能源与染料助剂消耗量较大，占纺织企业生产环节全过程能耗的50%以上，同时印染环节也是纺织行业污水排放的重要源头。此外，综合考虑体制机制、回收体系、分拣方式、技术和标准等因素，废旧纺织品再利用总体效率偏低。根据中国工程院的数据，目前我国废旧纺织品回收利用率不足10%。

我国纺织行业总体技术装备水平进入世界先进行列，但全要素劳动生产率、产品结构优化水平、资源利用效率、污染排放强度等仍与社会期待有较大的差距。纺织行业单位增加值能耗、水耗明显高于工业平均水平，环境要素保障成为纺织行业转型升级的重要制约。纺织行业可持续发展压力持续加大，加快数字化与绿色化转型、提高资源环境的利用水平、减少碳排放量，是纺织行业高质量发展的必由之路。

（2）数字技术促进纺织行业碳减排的实施路径和应用场景

① 数字技术助力纺织行业绿色产品设计

借助互联网与大数据系统，开发量体标准和量体数据系统、纺织品全生命周期数据库、字典式编码统一物料管理系统，并在纺织品上设置包含面料材质、环境影响信息的可视化标签或可机读无线射频识别标签，可以有效地追踪纺织产品全生命周期碳排放数据，识别高碳环节，优化纺织产品设计工艺，从源头上减少纺织行业碳排放量。根据分析调配最优参数，进一步提升纺织产品质量，为数字工厂的精益生产夯实基础。

② 数字技术助力纺织行业生产制造的提质增效

依托物联网、5G、大数据等数字技术实现印染工艺参数的在线采集和控制系统。对印染设备的工艺参数传感器进行实时数据采集，能够将所采集数据与工艺参数进行比对分析，精确在线检测和控制关键工艺参数，确保工艺参数在设定范围内，减少人为调整工艺参数时的失误，提高工艺重现性和产品合格率，在提升产业生产运行效率和纺织品质量控制水平的同时，减少纺织品生产制造过程中的能耗和物耗。

③ 纺织企业实施数字化碳管理

在产品、工艺和设备等因素都确定的情况下，管理不到位可能会导致碳排放量的增加。加强数字化管理，运用数字技术和手段，可以加速业务、技术和经营管理的创新，降低终端纺织品和服务的碳足迹。例如，合理排单可以减少设备的空转，从而减少电力的间接碳排放量；快速响应，精准匹配需求，能够提升产业链、供应链供需匹配效率，减少产品返工和滞销带来的物料损失，减少企业活动的碳排放量，高效支撑企业科学运营，促进产业互惠互利。

④ 完善废旧纺织品智能回收体系

基于工业互联网、大数据、5G、人工智能等数字技术构建废旧纺织品智能回收物流体系。以数字化回收物流信息平台建设为依托，循序推进智能回收箱、专业物流车、集散管理站建设，实现回收物流网络系统的全覆盖。结合废旧物资循环利用体系建设，合理布局建设分拣中心和资源化利用分类处理中心，及时精细化分拣和分类处理废旧纺织品，提高废旧纺织品分拣效率和准确性。通过最大限度地优化资源配置，提高废旧纺织品的回收利用率。

5. 电子信息制造业

（1）电子信息制造业绿色低碳发展现状

电子信息制造业是全球创新最活跃、带动力最强、渗透范围最广的领域之一，也是我国国民经济的前沿性、基础性、战略性、支柱性产业。现阶段，电子信息制造业的碳排放量占比相对较低，能源消耗处于较为稳定的水平，但其也正在迎来新一轮变革。一是电子信息制造业正进入技术创新密集期，应用领域呈现多方向、宽前沿、集群式等发展趋势；二是随着家用电器、智能终端、消费电子产品等电子产品的爆发式发展，电子信息制造业进入了加速发展阶段；三是随着云计算、大数据、物联网、人工智能等新一代信息技术的快速演进，电子信息制造业也在加速重构。在行业生态大环境下，电子信息制造业也面临设备管理精度不够、不同产品间的生产排产切换慢、生产管理效率低、产品质量管控不够等行业痛点。

（2）数字技术助力电子信息制造业碳减排的实施路径和应用场景

① 数字技术助力生产管理优化

一是智能排产。在新产品实际投入生产之前，利用数字孪生技术预先对生产计划排程、订单管理、产品质量管理、物料管理和设备管理进行建模测试，找出最优方案，可以帮助企业缩短新产品的导入周期，提高产品的交付速度。二是生产组装少人化。虽然我国电子信息制造业自动化水平比较高，但是组装环节仍需要大量人力。工业机器人、智能机械臂等先进智能设备的应用实现了人工替代，可以大幅度减少产线人员配置，提升劳动生产率，节约企业经营成本。

② 数字技术助力产品质量检测和全流程追溯

一是产品质量检测。传统人工检测方法存在主观性强、精确度低等问题，利用机器视觉、人工智能技术，可以在生产过程中实时采集产品质量检测点的检测数据，结合产品质量分析模型，及时发现潜在的产品质量问题，消除质量管理环节的漏洞，实现异常品快速响应。二是产品质量全流程追溯。基于传感器、自适应感知、精确控制与执行等技术，打通原料供应、元器件生产、零部件生产、组装加工、产品集成销售、产品运维等产品全生命周期的质量数据，并结合产品质量追溯模型，可以实现产品全生命周期的质量跟踪，提升产品质量的控制精度。

③ 数字技术助力供应链协同

一是企业内部供应链协同。基于工业互联网平台，实时采集企业内的设备、工具、物料、人力等数据，并实时跟踪现场物料消耗情况，结合库存情况安排供应商进行精准配货，可以实现生产、库存的动态调整优化，有效降低库存成本。二是企业间供应链协同。以工业互联网平台为连接枢纽，实时采集供应链上下游企业的排产、生产、库存、质量、物流方面的运行数据，并结合供应链协同模型，优化全供应链资源配置，可以实现供应链动态、精准协同，助力企业提高能源资源的利用效率。

4.2.3 企业层面：实施智能绿色制造

1. 生产源头：开展数字化绿色设计

应用虚拟现实、数字孪生、工业仿真等数字技术实现研发设计的数字化，协同研发低碳新技术、新产品，从源头开始节能降碳。一是推动研发设计过程的数字化转型。贯穿研发设计全过程应用数字技术，对海量过程数据进行深度挖掘，提升研发设计效率，减少实测环境的能耗与碳排放量。例如，汽车行业利用虚拟仿真技术开展虚拟道路测试取代实际道路测试，可减少开发成本，有效缩短研发周期，提升研发效率。二是利用数字技术加强降碳新技术研发。依托人工智能、物联网等数字技术，加强碳捕获利用与封存技术的研发突破，可直接减少行业碳排放量。例如，研发突破低成本碳捕获利用与封存技术，该技术可广泛应用于煤炭开采、钢铁、煤电领域；攻关低渗煤层抽采关键技术，可推进煤矿区煤层气应抽尽抽。三是利用数字技术加强低碳产品研发。创新应用数字新技术，加大对无污染或少污染、少能耗、少排放产品的研发力度，有效减少后续环节的碳排放量。如研发提高电能利用效率的新绿电产品，更多利用非化石燃料可有效减少煤炭使用总量，支持工业行业绿色化发展。

2. 生产过程设备：实施能耗智能管控

以设备终端智能化升级为硬件底座，以能耗监控系统为软件支撑，建立碳全景监测体系，赋能节能减排优化工作。一是推进生产设备智能化改造。推进工业生产设备与 5G、人工智能、数字孪生等数字技术的深度融合，加快对工业生产设备实施智能化改造，研发部署无人化、自动化设备，从而实时感知生产设备的运行状态，提供生产设备的运行数据，为布设各监测调控系统打下坚实的物理基础。例如，在汽车生产过程中，搭建生产设备实时监控系统，实现故障自动及时报警和设备故障预诊断，提高设备运营维护效率。二是实施工业生产设备能耗的智能管理。生产设备智能终端反馈数据信息，能够对设备的能源使用、转换、损耗进行数据分析和趋势预测，从而及时调控、优化设备运行状态，提高能源使用效率，达到节能减排的目的。例如，钢铁行业的加热炉燃烧控制优化系统，能够实时计算所需的煤气流量，及时对阀门开度进行调控设定，快速将实际炉气温度调节到目标温度，提高燃烧效率，节约能源成本，从而大幅减少碳排放量。三是开展工业生产设备碳全景监测。以可视化方式呈现工业生产设备的碳排放量，提供碳数据采集、监测、核算和最优减排路径分析，为企业优化升级生产设备提供辅助决策。例如，三一重工 18 号工厂打造碳排放大屏，协助企业制定合理科学的"双碳"目标实现路径。

3. 生产过程工艺：创新智能绿色工厂

加快绿色工艺、超重力场等先进技术的推广应用，转变传统生产模式，实现原料路线、"三废"治理、资源综合利用等方面的智能化升级。一是开展生产工艺流程的智能能耗管控。建设覆盖生态系统的数字底座，能够实现生产工艺流程碳排放监测、计划、调度、统计的统一管理，提升能源管控的精细化程度。例如，在环保行业中，运用感知系统感知所需处理的污染物的质量和类别，能够建立处理端动力需求与供能端能源供给系统的自动化信息传输通道，实时动态调整供能，提高能源有效利用率，实现降碳减排的目标。二是建立生产工艺全流程数字化优化体系。应用云计算、人工智能等数字技术创建生产工艺全流程优化提升体系，依托超结构优化、线性／非线性规划模型等开展智能分析，能够实现计划、调度、装置、控制4个层面的智能协同，提升全流程的生产效率。例如，石化行业建立临氢装置操作优化模型，开展氢夹点分析，降低制氢成本，建立加热炉热负荷区域操作优化模型，降低燃料气耗，从而达到减少碳排放量的目标。三是提高重点工艺环节的数字化与绿色化水平。利用人工智能、高性能计算、分子管理、物联网等技术，建立机理模型，最大化收集、分析、求解、利用实时数据，探索低能耗与低碳排量的工艺技术路线，预测并降低重点生产过程的碳排放强度。例如，煤炭行业基于透明空间地球物理和多物理场耦合的采矿新模式，具有优化风险判识、监控预警等处置功能，能够实现时空上准确安全可靠的智能少人（无人）安全精准开采。

4. 生产末端：推动向数字循环经济转型

以构建数字化产业循环体系为抓手，以发展智能再制造产业为重点，以加强循环经济数字化治理为保障，推动工业向数字循环经济转型，实现资源高效集约利用。一是构建全链条数字化循环体系。完善废旧物资回收网络、建设循环产业大数据平台，能够打通废旧资源回收、拆解、再利用全产业链条信息，促进废钢铁、废旧汽车、废旧动力电池、废旧家电等废旧资源规模化、清洁化利用，提高废旧资源回收利用率。例如，家电行业打造数字化回收平台，推动废旧家电的"收、储、运、拆、用"等各环节可溯、可查，大幅提升废旧家电的可利用价值。二是发展智能再制造产业。结合工业智能化改造和数字化转型，加强智能再制造共性关键技术的攻关及产品推广，减少原材料使用、初加工等环节的能源消耗和碳排放量。中国石油集团济柴动力有限公司再制造分公司对"报废"发动机进行再制造，产品可广泛用于石油、冶金、矿山等领域，与新机生产相比，以再制造的方式生产发动机，可节约成本30%～50%、节能60%、节材70%。三是加强循环经济数字化治理。制定完善的循环经济标准体系，加强废旧物资回收、处理、再利用等环节的全流程追踪和监管，规范废旧资源的回收利用，防止以次充好、以旧充新。例如，重庆市启用"报废机动车回收数字化管理平台系统"，实现机动车报废、拆解等全流程数字化监管，2022年1—4月，全市拆解报废机动车77429台，较去年同期增长97%，有效防止了报废机动车的逾期使用和非法拆解。

5. 供应链：构建数字化绿色供应链

以数字化基础设施共建共享为基础，以数据流动共享为核心，畅通供应链的沟通与管理。一是构建数字化供应网络。应用互联网、云计算等数字技术，建立互联互通的供应网络体系，替换传统的线性序列式的供应链运营模式，推动供应链协作的互联互通、高频高效。例如，电力行业采用建设智能电网、开展输电全景智慧监控等数字化手段，构建起新能源智能网络，从而有效提高输电、配电效率，解决出现"弃风""弃光"现象等问题。二是搭建供应链数据共享和资源动态优化配置平台。供应链数据共享和资源动态优化配置平台可实时监测上游原材料 / 零配件供应情况及下游产品需求信息，可有效缓解库存及产能过剩情况。例如，汽车行业通过搭建行业级数字化平台，打通从研发、采购、生产到销售的全价值链资源，灵活动态地调整库存、产线，实现柔性生产、产供销协同。三是推动碳排放数据供应链传递和绿色管控。依托供应链管理平台，将上游原材料、元器件、零部件企业碳排放数据向下游传递，为下游企业开展产品碳足迹和碳排放追踪提供高质量数据基础。例如，汽车行业从上游原材料、零部件起开展碳足迹追踪管理、核算、认证，建立全生命周期碳排放评价体系，从而实现全生命周期的绿色管控。

4.3 交通运输领域数字化与绿色化融合发展

交通运输领域是影响全球可持续发展的重要领域。早在1992年联合国环境与发展大会通过的《21世纪议程》就首次确认了交通在可持续发展中的重要作用，在2012年的联合国可持续发展大会上，各国领导人一致认同交通在可持续发展中的中心地位。我国也高度重视交通运输领域的可持续发展，党的十八大以来，我国交通运输领域的发展取得了历史性成就，并发生了历史性变革，迈入了高质量发展的新阶段，正在加快向交通强国迈进。

交通运输领域碳排放量约占全球碳排放总量的1/4，且与人类的生产和生活关系密切，受到各个国家的高度重视。近年来，我国的交通运输网络日趋完善，交通基础设施建设高速发展，整体规模已位居世界前列，随之而来的是交通运输部门能源消费量也在快速增长。交通运输领域已成为能源消费和碳排放的关键领域，其中交通运输领域碳排放量仅次于电力和工业部门，交通运输领域碳排放量约占我国碳排放总量的10%，其中公路运输是碳排放的主要来源，公路运输碳排放量约占交通运输领域碳排放量的3/4。

目前，我国交通运输领域的碳减排面临较大挑战。一是随着我国经济发展的稳步推进及城镇化建设程度的加深，居民出行时长、距离在不断增加，对于私人交通工具的需求也在持续增长，未来我国汽车保有量至少翻一番；二是交通运输领域内仍然以化石能源为主要能源，新能源虽已形成规模但仍处于初期发展阶段。同时考虑到我国总体碳排放量基数较大，交通运输领域碳排放不可小视,"双碳"目标对交通运输领域而言,既是发展面临的重要挑战,又是绿色转型的重要机遇,这将大大加速重构产业结构和能源结构调整下的新型运输格局。

2021年10月,国务院印发的《2030年前碳达峰行动方案》提出,将"交通运输绿色低碳行动"作为十大行动之一,并给出了在碳达峰目标下交通运输的具体发展方向,未来要以能源安全战略和交通强国战略为指引,加快建立交通强国所需的科技创新体系,发挥科技创新的支撑引领作用,推动运输工具装备低碳化,构建绿色高效的交通运输体系,加快绿色交通基础设施建设,加快形成绿色低碳运输方式,确保交通运输领域碳排放增长保持在合理区间内;2021年12月,国务院印发的《"十四五"现代综合交通运输体系发展规划》提出,到2025年,综合交通运输基本实现一体化融合发展,智能化、绿色化取得实质性突破,综合能力、服务品质、运行效率和整体效益显著提升,交通运输发展向世界一流水平迈进。

随着我国全面进入数字经济时代,以数据为生产要素的生产关系变革正在影响着生活的方方面面。交通运输领域的数字化与绿色化融合是物联网、大数据、云计算、5G、GIS、北斗导航等新一代信息技术的应用场景,为交通各环节的碳减排措施提供数据支撑,基于数字基础设施,交通运输领域的治理能力、公共服务能力将得到显著提升,进而推动由数据所牵引的交通运输领域碳减排。因此,交通运输领域可从推动建设智能高效的交通设施网络、积极引导智慧绿色交通出行方式、推广应用智能低碳交通运输装备、加快发展智慧高效现代交通物流等方面着手,通过数字技术赋能交通运输领域便捷高效,助力交通运输领域低碳转型,通过交通、能源、社会生态的协同发展,打通碳减排路径,促进交通运输领域数字化与绿色化的融合发展。

4.3.1 交通运输领域数字化与绿色化融合发展的相关政策

近年来，国家及地方政府陆续出台了一系列实施方案、行动计划、发展规划、指导意见等政策，以积极促进交通运输领域的数字化与绿色化融合发展。交通运输领域数字化与绿色化融合发展的相关政策如表 4-1 所示。

表 4-1　交通运输领域数字化与绿色化融合发展的相关政策

发布时间	发布部门	政策名称
2015 年 7 月	商务部办公厅	《商务部办公厅关于智慧物流配送体系建设实施方案的通知》
2018 年 9 月	国务院办公厅	《推进运输结构调整三年行动计划（2018—2020 年）》
2019 年 12 月	交通运输部	《推进综合交通运输大数据发展行动纲要（2020—2025 年）》
2019 年 12 月	海南省交通运输厅等 12 部门	《海南省共享出行试点实施方案（2019—2025 年）》
2021 年 5 月	国务院办公厅	《国务院办公厅转发国家发展改革委等部门关于推动城市停车设施发展意见的通知》
2021 年 8 月	交通运输部	《交通运输领域新型基础设施建设行动方案（2021—2025 年）》
2021 年 12 月	国务院	《"十四五"现代综合交通运输体系发展规划》
2021 年 12 月	国家铁路局	《"十四五"铁路科技创新规划》
2022 年 1 月	国务院	《推进多式联运发展优化调整运输结构工作方案（2021—2025 年）》
2022 年 10 月	交通运输部、国家铁路局等部门	《交通运输部 国家铁路局 中国民用航空局 国家邮政局关于加快建设国家综合立体交通网主骨架的意见》
2022 年 12 月	国务院办公厅	《"十四五"现代物流发展规划》
2023 年 3 月	交通运输部等 5 部门	《加快建设交通强国五年行动计划（2023—2027 年）》
2023 年 6 月	上海市交通委员会、上海市道路运输管理局	《上海市智慧公交三年行动计划（2023—2025 年）》
2023 年 6 月	中国民用航空局	《中国民用航空局关于印发落实数字中国建设总体部署 加快推动智慧民航建设发展的指导意见》
2023 年 9 月	交通运输部	《交通运输部关于推进公路数字化转型 加快智慧公路建设发展的意见》

续表

发布时间	发布部门	政策名称
2023 年 11 月	交通运输部	《交通运输部关于加快智慧港口和智慧航道建设的意见》
2023 年 11 月	住房城乡建设部	《住房城乡建设部关于全面推进城市综合交通体系建设的指导意见》
2024 年 1 月	工业和信息化部、公安部等 5 部门	《工业和信息化部 公安部 自然资源部 住房和城乡建设部 交通运输部关于开展智能网联汽车"车路云一体化"应用试点工作的通知》
2024 年 4 月	财政部、交通运输部	《关于支持引导公路水路交通基础设施数字化转型升级的通知》
2024 年 5 月	交通运输部等 13 部门	《交通运输大规模设备更新行动方案》
2024 年 7 月	上海市交通委员会等 5 部门	《上海市交通领域大规模设施设备更新专项工作方案（2024—2027 年）》
2024 年 7 月	中共中央、国务院	《中共中央　国务院关于加快经济社会发展全面绿色转型的意见》
2024 年 8 月	中央网络安全和信息化委员会办公室秘书局等 10 部门	《数字化绿色化协同转型发展实施指南》

4.3.2　推动建设智能高效交通设施网络

将先进的信息技术、数据通信传输技术、电子传感技术、控制技术及计算机技术等有效地集成运用于交通设施网络中，在大范围内全方位发挥作用，具有实时性、准确性、高效性。可借助大力发展智慧交通管控平台、智慧高速路、智慧铁路、智慧港口、智慧城市轨道交通、航路优化系统等，从多方面推动智能高效交通设施网络的建设。

智慧交通管控平台。随着城市化进程的加速和机动车保有量的不断增加，城市交通问题日益凸显，如交通拥堵、交通事故频发等，影响了交通安全与通行效率，增加了碳排放量，给城市交通管理带来了困难。智慧交通管控平台结合城市交通管理的实际需求，通过互联网、人工智能、物联感知、大数据等数字技术的应用及安装在交通道路上的传感器和摄像头等交通信息采集设备的部署，可获取交通流量、交通拥堵指数、车辆行驶速度、道路状况等信息，同时监测行人的数量及外界天气状况，并通过大数据分析技术，进行智能调度和合理引导，优化路网车辆流量的分布，均衡各干路间交通的负荷度，利用区域信号的协调控制，优化交叉口信号灯的时长，提高道路交通运行效率，实现对城市交通的全面、智能化管理。例如，河北保定应用"百度智慧交通大脑"进行信号配时，主要道路交叉口刹车减速、怠速等待等行驶场景明显减少，减少了交通信号灯的空放时间，进而减少了能源消耗及碳排放量。

智慧高速路。在节假日等交通需求较高的时段，高速公路上车流量急剧增加，容易导致高速公路及其出入卡口的拥堵，产生多余燃料消耗及环境污染，解决拥堵问题尤为重要。智慧高速路利用数字孪生技术、数据通信技术、电子传感技术，可以为高速公路提供更加全面、准确和实时的数据支持。全息感知平台可以高拟真全面复现高速公路的运行态势，包括高速公路真实的交通流量、车辆行驶状况和路况信息等，提高高速公路管理的整体效率，实现高速公路系统的综合优化。在高速卡口的运行管理上，可结合实时数据的采集和分析，高效地监测交通流量、预测拥堵情况，支持卡口闸机远程控制，提高车辆通行效率，减少车辆因在收费站排队等待期间的怠速、低速、频繁启停而产生的碳排放量，实现高速卡口运营管理的智能化、高效化和低碳化。例如，衢黄高速采用新一代F5G通信技术，实现了全路网状态的实时监控，快速发现路面各类特殊情况，识别车辆的各种异常行为，进行科学的应急指挥与决策，有效缓解了道路拥堵，提高了路网通行能力和效率，减少了因交通拥堵而产生的碳排放量。

智慧铁路。智慧铁路是指利用先进的物联网、大数据、云计算及人工智能技术，对传统的铁路进行智能化、自动化和数字化改造的新型交通模式。智慧铁路通过集成多种数字技术，实现对铁路运行过程中的信息进行采集、处理、传输、分析和决策等，从而显著提高铁路运行的安全性、效率。智慧铁路可对铁路进行实时监测与预警，通过数百个传感器及其他固定基础设施实时监测列车运行状态、轨道状况及设备的运行情况，一旦发现异常情况，及时发出预警信号，避免事故的发生。智慧铁路也可实现智能调度与管理，利用智能调度系统，根据实时的列车运行情况和乘客需求，合理安排列车运行计划，减少列车的停站时间和列车运行间隔，提高列车的准点率和运输效率。智慧铁路作为铁路行业发展的重要方向，呈现服务智能化、安全高效化、绿色低碳化的发展趋势，并将以其独特的优势和巨大的发展潜力，在未来交通运输领域发挥越来越重要的作用。例如，中国铁路郑州局集团推进智慧铁路建设，其研发了集监控、分析、追踪、预警、指挥于一体的智慧铁路系统，不断提高铁路的运行效率，减少能源消耗。

智慧港口。随着我国经济贸易的不断增长，港口建设和生产规模也在成倍扩张，港口带来的能源消耗也在不断增长，船舶停靠港口作业期间，船上的辅助柴油发电机要 24 小时不间断工作，产生的废水、废气、噪声及固体废物污染成为港口的主要污染源之一。智慧港口以现代化基础设施设备为基础，通过云计算、大数据、物联网、移动互联网、智能控制等新一代信息技术与港口的运输业务的深度融合，以港口运输组织服务创新为动力，满足多层次、敏捷化、高品质港口运输服务要求。智慧港口使物流供给方和需求方共同融入集疏运一体化系统，极大地提升了港口及其相关物流园区对信息的综合处理能力和对相关资源的优化配置能力，实现了智能监管、智能服务、自动装卸，极大地提高了港口货物吞吐量及作业效率，港口作业向智能化、集约化、精细化转变，用"智慧"让港口绿意更浓。例如，宁波梅山保税港区自 2016 年开启智能化之路，目前已拥有全球最大规模的远控自动化设备集群，能够支撑千万箱级码头作业。

智慧城市轨道交通。随着运营里程、线网流量的不断攀升，我国城市交通仍面临较大的压力，在此背景下，智能化成为城市轨道交通的必然发展趋势之一。智慧城市轨道交通是指利用信息技术、物联网技术、大数据技术、人工智能技术等，对城市轨道交通系统进行数字化、网络化、智能化改造和优化，实现轨道交通系统的自动化控制、信息化管理、智慧服务和创新应用的一种新型城市交通模式。智慧城市轨道交通采用先进的列车定位、测速技术，能够确定列车的精确位置与状态；采用计算机网络技术可实现对列车的自动跟踪管理以提升运输效能；采用现代通信传输技术替代传统轨道电路的信息传输功能，能够满足调度中心和列车群之间大容量信息传输的需要，并能够实现对列车和列车群的管理，通过调度中心智能工作站实现制订行车计划、运营管理和提供信息服务等功能，提高运输效率，减少能源消耗。例如，山东移动联合济南轨道交通集团建设轨道交通智慧管理平台，借助 5G 边缘网关，将传感器采集的数据实时上传并进行综合分析，实现行车、电力、防灾环控、客运等方面的智慧运营调度。

航路优化系统。航路是由民用航空局统一划定的具有一定宽度和高度的空中通道，被称作"看不见的空中公路"，用于飞机安全有序地飞行。航路优化是通过优化与航班有关的要素，使综合运行成本降低，如通过对航线进行裁弯取直减少飞行距离、利用有利风向和风速缩短飞行时间、规划途经收费更低的区域节省航路费用等。航路优化系统通过数据驱动，以信息技术为核心，具有图形化、模块化、集成化特征，可实现数据的汇聚、整理、挖掘和有效利用，进而让项目指标监控更加准确、管理决策更加科学，有效提升精细化管理水平。每个实际执行优化的航班系统均能计算出减少的飞行距离、缩短的飞行时间、节约的燃油消耗及综合节约的成本等数据，且能有效识别出单个航班的优化贡献度。通过使用临时航线可以有效减少飞行距离、减少燃油消耗、减少碳排放量、提高运行效率。例如，海南航空研发的航路优化系统于 2023 年 3 月正式上线，在平稳运行超一年的时间内，项目累计节省飞行距离约 131 万千米，节省支出达 3848 万元，减少碳排放量达 1.6 万吨，以实际行动落实"双碳"目标和民航绿色发展要求。

4.3.3　积极引导智慧绿色交通出行方式

我国城市公交设施与交通系统规划衔接性不够，"职住分离度较高"的城市格局增加了城市居民出行的需求，导致交通拥堵，因此要坚持把倡导绿色交通消费理念、完善绿色出行体系作为交通运输低碳发展的重大战略选择。可借助大力发展智能公交系统、智慧共享出行、智能停车系统，在出行方面促进交通运输减排。

智能公交系统。智能公交系统是智能交通系统的一个重要组成部分，它应用了全球定位技术、无线通信技术、地理信息技术等，实现了对公交车的实时调度、监控、运营。通过安装在公交车上的定位设备，智能公交系统可以实时监测公交车位置、行驶速度和状态等信息，实现公交车运行的信息化和可视化。乘客可通过手机上的特定应用程序查询公交车的实时信息，从而合理安排出行时间。同时，智能公交系统还可以实时根据乘客需求和交通状况，通过计算机运营管理系统和连接各停车场站的智能终端信息网络，对域内公交车进行统一组织和调度，辅助指挥人员进行公交车的投放调度、线路调度等，提高对运营状况的掌握与应变能力，增强公共交通系统的运行能力，从而提高公众绿色出行的意愿，降低公交运营成本及减少碳排放量，增强对环境的积极影响。例如，北京市交通委员会与地图企业合作推出绿色出行一体化服务平台，依托高德地图、百度地图等社会化出行服务平台，为公众提供了实时公交位置、公交 / 地铁拥挤度查询等功能，有效改善了"公交 + 步行"等组合出行方式的出行体验，日均服务 450 余万人绿色出行。

智慧共享出行。共享交通是一种基于共享经济模式的交通服务，通过共享交通，人们可以方便地使用共享的交通工具获得更便捷、高效的出行体验。共享交通模式在现代城市中越来越受到重视，成为智慧城市建设的重要组成部分之一。智慧共享出行是基于智能网络通信技术的共享单车、网约车、顺风车等共享交通模式。物联网、人工智能、大数据技术的应用能够有效提高现有车辆设备的使用效率，从而缓解交通拥堵、减少资源浪费、减少碳排放量，对推动我国交通领域的绿色转型有着积极作用。共享出行平台可为用户提供一站式出行服务，用户可以根据个人需求选择多种交通工具，享受个性化出行方案。这种共享交通模式不仅方便了用户出行，还有助于提高交通资源利用率，推动用户共享低碳生活，逐"绿"而行。

智能停车系统。随着城市化进程的不断加速，停车难的问题日益突出，传统的停车场存在效率低下、环节烦琐、存在管理缺陷等问题。智能停车系统是一种基于物联网技术的智能停车解决方案，在停车场的车位上安装感应器，这些感应器能够实时监测车位的占用情况，并将收集到的数据发送到云端服务器上进行数据处理和分析，通过传感器、摄像头、道闸等设备可实现车辆识别、导航、预约等功能，实现了停车资源的数字化管理，提高了停车场的使用效率。当车辆进入停车场时，智能停车系统可以通过手机软件或场内电子导引屏实时提供准确的车位信息，车主可获得最佳停车建议和路线指引，智能停车系统会引导车主以便捷的方式找到空闲车位。车主也可以通过使用相关手机软件完成停车费的支付及提前预约停车位，避免排队缴费及长时间寻找车位，显著提高了停车的效率和便利性，减少了用户的能源消耗与时间成本。例如，青岛推出"慧停车"App，车主在使用App时，通过点击附近停车场，就可以看见带有停车标记的电子地图，输入目的地即可查询附近停车场及空余车位，App会引导用户将车辆停向空闲车位，将车位资源效能最大化，减少盲目空驶。

4.3.4　推广应用智能低碳交通运输装备

随着科技的不断进步，智能化、绿色化已成为我国交通运输装备发展的重要方向，智能低碳交通运输装备得到推广应用。全国智能高速列车数量、总里程的增加，智能网联汽车、新能源车辆的推广，智慧充电网络的完善，都展示了我国交通运输领域在节能减排、环保低碳发展方面的坚定决心。

智能网联汽车。智能网联汽车是以车辆为主体和主要节点，通过搭载智能交通设备，融合新一代数字技术，使车联网与智能车有机联合，以达到保障车辆安全、有序、高效、节能行驶的目标。综上所述，智能网联汽车搭载先进的车载传感器、控制器、执行器等装置，融合物联网、大数据、传感探测等现代通信与网络技术，具备复杂环境感知、智能决策、协同控制等功能，可实现车与人、路、后台之间的数据交换与共享。将"人—车—路—云"交通参与要素有机地联系在一起，可实现自动驾驶、并线辅助、编队行驶、生态路径规划等场景，使车辆能够获取远超单车感知范围的综合交通信息，优化运输工具运行过程中的工作状态，达到能耗最优工况，助力减碳。其中自动驾驶技术是智能网联汽车的核心，通过感知周围环境，实时作出驾驶决策，从而实现车辆的自主行驶，实现交通信息的实时共享和交通管理的智能化，有效提升交通运行效率，降低交通事故率。例如，根据交通运输部的研究数据，自动驾驶汽车能够采用比人类驾驶更节能环保的最佳驾驶方式，最高可节约 12% 的燃料，使道路通行能力提高 21.6% ~ 64.9%。

智能高速列车。传统绿皮火车曾是我国铁路运输的主力车型，承载了几代人的旅途记忆，但因其运行效率较低，动力源通常是柴油或蒸汽，会产生较多的废气排放，会对环境造成较大的污染。在全球数智化浪潮的推动下，我国铁路正以前所未有的速度向智能化、数字化转型。依托云计算、物联网、大数据、北斗定位等先进数字技术的不断发展，智能高速列车通过新一代信息技术与高速铁路技术的集成融合，实现智能装备、智能运营技术水平的全面提升。智能高速列车通过挖掘和分析列车运行、设备维护、客运管理等方面的海量数据，建立安全风险评估模型，优化列车调度计划，实时监测列车的运行状态、运行速度、实时位置等关键信息，并根据路况和运行计划进行精准地调度和控制，有助于减少列车之间的间隔，提高线路的运输能力、效率和安全性，减少能源浪费，也更好地满足了人民日益增长的出行需求。同时，智能高速列车通过数字化监测和诊断系统，实现运输装备的全生命周期管理和预测性维护，提高了运输装备的可靠性和耐久性。例如，新型"复兴号"智能动车组不仅具备自动驾驶功能，还融合了动力电池及辅助驾驶技术，并且采用了北斗导航卫星系统和千兆以太网，优化了车上互联网设施，提升了列车的运行安全性和运行效率。

智慧充电网络。根据公安部发布的数据，截至 2024 年 6 月底，全国新能源汽车保有量达 2472 万辆，占汽车总量的 7.18%。其中 2024 年上半年新注册登记的新能源汽车达 439.7 万辆，同比增长 39.41%，创历史新高。我国新能源汽车产业发展迅猛，新能源汽车销量及保有量均位列全球第一。同时我们也要看到，城市内与之相配套的能源基础设施和智能交通基础设施仍存在巨大缺口。新能源汽车产业链的飞速发展，对新能源充电基础设施建设布局提出了更高、更广、更精细、更智慧的全面要求。智慧充电网络是将新能源汽车充电与智能化技术相结合的全新系统，通过充电设备、数据传输和管理平台的互联互通，精准控制每台充电桩的充电时间和充电功率，实现对充电过程的监控、统计、管理等功能。智慧充电网络可以实现对充电设备的集中管理，包括充电桩的智能排队、智能调度、电量监控等功能，提高充电效率和资源利用率。同样，智慧充电网络将智能化技术应用于充电服务中，可通过手机 App 实现在线预约、充电导航、充电支付等功能，为用户提供个性化、便捷的充电体验，智慧充电网络将成为新能源汽车普及的重要支撑和推动力量。

4.3.5　加快发展智慧高效现代交通物流

大力推进"数字化 + 现代物流"的发展，以互联网为依托，运用大数据、人工智能等先进技术手段，能够不断提升物流的即时响应、定制化匹配能力，积极推进物流运作模式革新，促进物流行业深度数字化，实现高效、绿色、智能、低碳的货物运输。智慧多式联运、智慧物流、智能配送系统的发展，可积极推动交通物流的绿色化转型。

智慧多式联运。我国目前的客运和货运均以公路运输为主，能耗与碳排放相对较高。为实现交通运输的低碳发展，应提升铁路、水路运输所占比重，建立集约低碳的综合运输结构。智慧多式联运是指利用物联网、大数据、云计算等新一代信息技术，整合物流枢纽节点，实现多种运输方式的高效协同和无缝连接。构建开放共享的多式联运物流信息服务网络，可形成跨区域、跨运输方式、跨部门的信息共享枢纽，做到多式联运的互联互通，还可通过信息技术综合测算货物转运装卸及运力资源。这既满足了多样化的供应链物流服务需求，又提升了运输体系的整体效率、降低了运输成本及能耗、控制了碳排放，合理优化了货运运输结构，提高了多式联运所占比重，构建了铁路和水运长距离运输、公路短距离灵活机动运输的多式联运模式。"公转铁""公转水"是我国近年来运输结构调整的一个缩影。例如，我国苏州、深圳至德国汉堡的中欧运输，在没有时间约束的情况下，采用水运—公路—铁路的运输方式，其综合物流成本和碳排放水平可大幅降低。

智慧物流。传统的公路运输运力组织形式分散，供需经常不匹配，信息不透明，还要经过层层转包和各种中间商，导致物流效率非常低下，陷入"信息孤岛"的困境。智慧物流是指通过智能软硬件、物联网、大数据等智慧化技术手段，实现物流各环节的精细化、动态化、可视化管理，提高物流系统智能化分析决策和自动化操作执行的能力，提升物流运作效率的现代化物流模式。借助大数据的匹配功能，可将线下的供需匹配数字化、智能化，通过车货智能匹配完成货主与司机的无缝连接，实现货主高效找车、司机快速找货，大幅度地减少了公路货运的空驶、空置、空载（"三空"）情况的出现，有效解决了货运配载效率低造成的能源浪费等问题，助力提升运营效率和能源利用率，推动碳减排取得更大成效，实现高效、绿色、智能、低碳的货物运输。例如，满帮集团货运平台通过向货车司机提供回程货源及多货源点之间的网状路径规划，有效降低了返程车的空驶率，2020年累计减少碳排放量达1168万吨。通过降低车辆在装卸货点之间车厢利用不足造成的空置率，2020年累计减少碳排放量达170万吨。

智能物流配送系统。智能物流配送系统是一种集成了现代信息技术、通信技术和物流管理技术的智能化系统。智能物流配送系统由多个模块组成，包括订单管理、路径规划、车辆调度、实时监控等模块。智能物流配送系统可以根据订单的发起地、目的地、货物类型、重量／体积等参数，通过智能化的路径规划和车辆调度，将不同的订单按照最短距离或最短时间进行货物配送，避免了传统物流配送中烦琐的人工操作和不合理调度，提高了配送的准确性和效率。同时，智能物流配送系统能够根据交通拥堵情况、货物特性等因素智能规划最优配送路径，帮助司机快速适应路况变化，实时导航指引司机，避免车辆在拥堵路段上行驶浪费时间，大大提高了配送效率。在运输设备方面，物流配送工具会更加多样化和智能化，包括无人车、无人机、新能源物流车、低速电动车等，这些物流配送工具在智能物流配送系统的有序调度之下，可以保证物流配送车辆的高效和准确配送。例如，京东物流通过优化配送路线、提高物流配送车辆装载率等方式，减少了配送过程中的碳排放量，同时京东物流还积极采用清洁能源车辆，减少了对环境的负面影响。

综上所述，数字化是国家"十四五"时期的重要发展方向，而交通运输数字化是交通运输治理转型的重要抓手，是当前行业重点关注和研究的主要课题。交通运输行业需要抢抓新一轮科技革命和产业变革的历史机遇，把创新作为推动低碳发展的第一动力，加强与数字技术的融合发展，从推动建设智能高效的交通设施网络、积极引导智慧绿色交通出行方式、推广应用智能低碳交通运输装备、加快发展智慧高效的现代交通物流等方面着手，积极开展自动驾驶、智能交通等关键技术及装备的研发，加快交通基础设施数字化改造、交通运输装备智能化升级、交通运输服务高效化发展，全面提升交通运输科技实力和低碳发展水平。

4.4 建筑领域数字化与绿色化融合发展

建筑业为推动我国经济发展、造福社会、改善人类生存环境、提高人们生活水平作出了重要贡献，但是建筑业在快速发展的同时也消耗了大量的自然资源，排放了大量的废弃物，给环境造成巨大压力。"十四五"时期是我国碳达峰的攻坚期、窗口期，建筑业具有巨大的碳减排潜力和市场发展潜力。面对资源供需紧张、环境污染严重、生态系统受损的严峻形势，推进建筑业绿色发展既是统筹发展与安全，提升人民群众幸福感、满足感的重要路径，又是顺应数字化、智能化发展趋势，培育壮大经济发展新动能的关键举措。

建筑部门是碳排放最高的终端消费来源，根据国际能源署（IEA）的统计，建筑材料（钢铁、水泥等）的制造过程所产生的碳排放，以及居住建筑和公共建筑的化石能源使用带来全球 9% 的直接碳排放，建筑物中电力和热力使用带来 19% 的间接碳排放，另外建筑的建设过程产生的碳排放占总碳排放量的 10%。从建筑的生命周期来看，建筑运行阶段的碳排放占比 43%，如图 4-2 所示。但建材生产和运输、建筑施工过程中的间接碳排放，一般在我国统计中归为工业的碳排放。

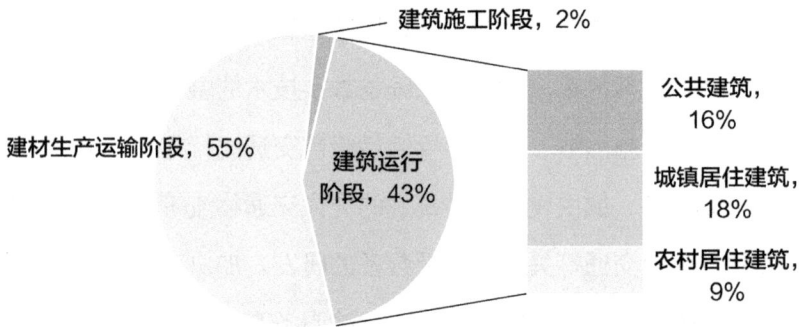

来源：国际能源署

图 4-2　建筑全生命周期碳排放占比

根据《中国建筑能耗与碳排放研究报告（2023 年）》，2021 年全国建筑全过程碳排放总量为 50.1 亿吨二氧化碳（tCO_2），占全国能源相关碳排放总量的比重为 47.1%，其中，建材生产运输阶段碳排放量为 26.0 亿 tCO_2，占全国能源相关碳排放总量的比重为 24.4%；建筑施工阶段碳排放量为 1.10 亿 tCO_2，占全国能源相关碳排放总量的比重为 1.0%；建筑运行阶段碳排放量为 23.0 亿 tCO_2，占全国能源相关碳排放总量的比重为 21.6%，如图 4-3 所示。

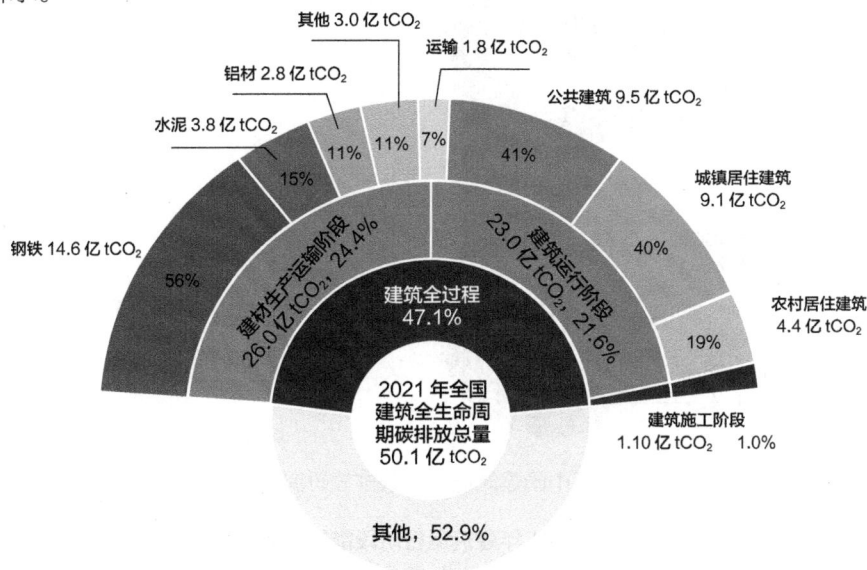

来源：《中国建筑能耗与碳排放研究报告（2023 年）》

图 4-3 我国建筑全生命周期碳排放总量及各阶段碳排放占比情况（2021 年）

由于建筑施工过程中的间接碳排放，一般在我国统计中归为工业的碳排放，因此除建材生产运输阶段外，建筑运行阶段的绿色低碳转型显得尤为重要。2021 年，我国建筑存量突破 700 亿 m^2，建筑运行能耗与碳排放较 2020 年明显上升。此外，在 3 种建筑类型中，公共建筑以仅 21% 的面积（150 亿 m^2）占比消耗了 42% 的能源（4.8 亿 tce），并贡献了 41% 的碳排放量（9.5 亿 tCO_2），是建筑运行能耗和碳排放的主要来源，如图 4-4 所示。城镇居住建筑的面积最大，为 334 亿 m^2，面积占比为 47%，能耗和碳排放占比仅有 39%（4.5 亿 tce）和 40%（9.1 亿 tCO_2）。农村居住建筑的面积为 230 亿 m^2，面积占比为 32%，能耗和碳排放的占比均最低，均为 19%（2.2 亿 tce 和 4.4 亿 tCO_2）。

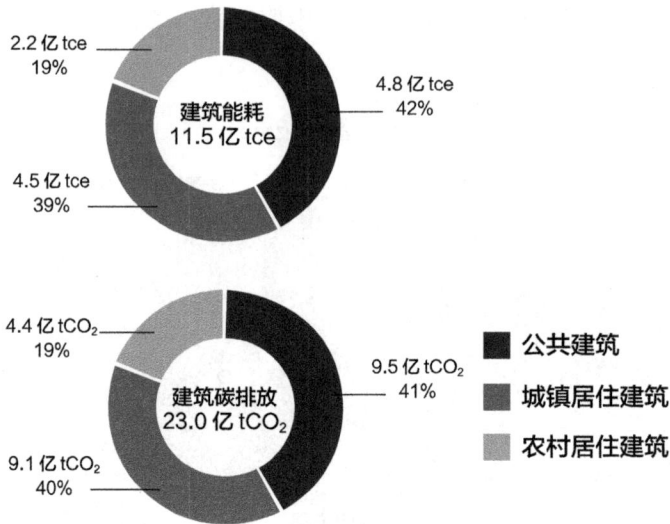

来源：《中国建筑能耗与碳排放研究报告（2023年）》

图 4-4 2021 年建筑运行阶段能耗与碳排放

"绿色建造""高质量发展"是"十四五"规划对建筑业提出的新要求，为实现"智能、绿色、安全、高质量、可持续"等具体发展目标，建筑业正面临着达成行业碳达峰碳中和目标和实现 AEC（即建筑、工程和施工）行业数字化转型的双重挑战。随着 BIM、3D 扫描、人工智能、机器学习、云计算、物联网、GIS、机器人、可穿戴技术等数字技术进入 AEC 行业，"智慧绿色建筑"理念逐渐形成并融入建筑的施工和运行实践，并对改变行业"高能耗、低生产率"的现状和促进行业数字化转型产生了深远影响。

"智慧建筑"和"绿色建筑"的有机结合构成了"智慧绿色建筑"，"智慧绿色建筑"是通过"建筑 4.0"及其技术工具集合来实现建筑全生命周期建设和管理的数字化、智能化、绿色化，以及实现建筑投入使用后的低碳环保、智能响应等功能。"智慧绿色建筑"吸收了"智慧建筑"将建筑视为一个生命体进行全生命周期的智慧化管理、能源利用效率评估及与环境互动的概念，并且强化了"绿色建筑"利用数字技术实现"绿色施工、绿色建造、新型建筑工业化"的方法。从实践角度来讲，"智慧绿色建筑"是通过数字化手段运用"新的运营模式"，创造出更安全的工作场所、更具弹性的部门和更高技能的劳动生产力，支持建筑全生命周期的设计、建造和运维，从而实现建筑业的智慧、绿色、高质量、可持续发展。

建筑业在实现绿色、高质量发展目标的过程中，普遍存在两类问题：一类是建筑业历来的生产率和产值利润率水平偏低、能源消耗普遍较高的问题；另一类是建筑业数字化转型过程中面临的信息化水平不高、数字化投入不足、复合型人才短缺、体制机制配套未完善等问题，具体如下。①生产率和产值利润率水平偏低。麦肯锡的报告显示，全球建筑部门在过去20年的年生产率增长只有1%，而世界经济总量增长和制造业的年生产率增长分别为2.8%和3.6%，如果建筑业生产率赶上整个经济发展水平，将显著提升其满足全球基础设施投资需求的能力，或提振全球2%的GDP。从国家统计局2017—2021年的数据来看，我国建筑业生产率增速相较于全球平均水平较高，但依然存在建筑业相较于工业总产值利润率水平较低的情况。②建筑业的能源消耗普遍较高。建筑业是能源消耗和碳排放较高的行业，数据表明，目前我国建筑运行每年还在排放20亿吨以上的二氧化碳，建筑建造和维修间接导致的钢铁、建材等制造领域的碳排放量每年可达16亿～18亿吨二氧化碳。我国仍处于工业和能源体系发展和转型时期，全部工业尤其是建筑业发展将面临巨大压力。③建筑业数字化程度和对数字化重视程度不足。据2022年发布的《"十四五"建筑业发展规划》的现状，我国建筑业仍然存在"发展方式粗放、劳动生产率低、高耗能高排放、市场秩序不规范、建筑品质总体不高、工程质量安全事故时有发生等"问题，这些问题与数字化、信息化方面问题有直接或间接的关系，具体表现为：①信息化水平不高影响部门生产率，如建筑业的部门特征是高度分散、中小企业较多、项目参与者的信息化水平参差不齐，导致最直接的生产力障碍是建筑业各部门缺乏信息和沟通；②数字化投入不足制约建筑业高质量发展，如 AEC 行业在"资产数字化、业务流程及应用数字化、组织及劳动力数字化"等方面普遍处于较低水平，数字化投资仍然停留在"一次一方法"的战术性投资思维层面；③复合型人才短缺阻碍建筑企业可持续发展，表现为建筑企业工人的老龄化及复合型人才紧缺等问题；④体制机制配套未完善掣肘产业协同，建筑业的数字化转型不是单一环节、单一部门的数字化转型，而是涉及设计、生产、施工、运维、循环等多个环节，以及 AEC 行业的多个细分行业，需要各个环节共同协作，构建跨部门、跨区域、跨团队的共享协同机制。需要通过打破现有的行业共识、规则，来推动整个行业的数字化转型。

《2050 中国能源和碳排放报告》显示，我国建筑运行阶段碳排放占国家总耗能的 20% 以上，仅次于工业和交通领域，排在第 3 位。长期以来，建筑领域依赖要素投入、大规模投资拉动发展，工业化、数字化程度较低，生产方式粗放、劳动效率不高、能源资源消耗较大、科技创新能力不足等问题依旧突出，建筑领域与先进制造技术、信息技术、节能降碳技术融合不够，因此迫切需要利用 BIM、大数据、人工智能、物联网等数字技术，升级传统建造方式，推进建筑领域智能化、数字化、绿色化协同转型，助力建筑领域绿色低碳高质量发展。数字技术促进建筑领域碳减排的着力点主要在于建筑运行阶段的能效提升，其核心是智慧建筑和绿色建筑的融合与推广，基于传感器、计量设备的能源管理，通过在线监测、分析与计算各项能源指标，智能化控制能源需求，远程控制与调节等方式降低建筑全生命周期的碳排放。

4.4.1 以设计为引领, 推广建筑设计可视化

虽然建筑设计、施工阶段的碳排放占比小, 但建筑绿色化程度的 80% 由建筑设计阶段决定, 建筑设计阶段应充分考虑节能低碳等因素, 基于 BIM 和数字技术的集成与创新应用, 帮助设计师选择低能耗的材料和技术, 通过精细化设计和精确建造, 引导建筑综合品质的整体提升。绿色技术和数字技术是实现绿色智慧建筑最有效、最可实现的切入点。在进行建筑设计时, 要考虑结构布局, 使建筑达到整体的热平衡; 综合设计水电暖通系统, 以便于监测和控制; 在照明、通风、消防等系统的设计中, 应尽可能考虑自然条件; 对建筑材料的选择, 包括屋顶、门窗、墙体材料甚至颜料的选择, 都会影响建筑的能耗; 在建筑设计阶段进行碳足迹评估, 对环境因素进行评价和合理的安排。BIM 技术有助于建筑结构、给排水和暖通及电气工程等基于同一体系展开设计, 将在建筑规划决策和设计方案中发挥重要作用。

基于 BIM 实现数据协同。BIM 作为实现智能建筑的重要手段, 其以建筑工程项目的各项相关信息数据作为模型的基础, 通过数字信息仿真建筑物所具有的真实信息, 从而实现 BIM 的建立, 具有可视化、协同性、模拟性和连贯性的特点。采用 BIM 正向设计, 优化建筑设计流程, 支撑不同专业间及设计与生产、施工环节的数据交换和信息共享, 融合搭建建筑能耗模型, 测算建筑施工、运行过程中的碳排放量, 从节能减排角度不断优化施工方案, 从而在建筑设计阶段充分考虑建筑施工、运行过程中的能耗, 寻求最优建筑设计方案, 提高能源资源的利用率。例如, 上海市第一人民医院基于 BIM 运维平台, 以智能模型为载体, 关联了资产、设施、设备、资料等, 以及围绕医院运行阶段的需要, 采用了物联网、异构系统集成等应用技术, 实现数据交换与共享, 提高了医院设计阶段的工作效率和运行阶段的能源利用效率。

基于 BIM 实现一体化建造及标准化交付。建筑设计阶段需要的大量建筑构件在工厂进行加工，通过 BIM 可实现一体化建造及标准化建造，从而提升了标准性，降低了成本，减少了人工消耗。同时基于唯一的 BIM 数据源，频繁修改的工程信息将由 BIM 自动更新至二维图纸上，节约工作时间并提升建筑设计质量，减少了返工产生的资源和能源浪费。例如，北京城市副中心行政办公区项目基于 BIM+GIS 技术建设的协同管理平台，利用 BIM 数字化设计解决方案，在建筑设计阶段实现以 BIM 正向设计为基础的数字化全专业协同实施体系，有效提高了项目生产效率，保障了工程建设质量。

基于 BIM 打造"可视化"智慧建筑。利用 BIM 技术在建筑设计阶段进行采光、室内外风、日照、太阳辐射和热工模拟，以此确定最合理的绿色建造设计方案，减少施工和运行阶段的资源浪费和碳排放量。基于 BIM 的建筑全生命周期碳排放计算平台和建筑垃圾资源利用数字化管理平台，可以运用大数据技术直观地展现建筑全生命周期的碳排放情况，精确预警建筑建造过程中碳排放超标环节与部件，从而实现从工厂构件制造到建筑建造再到建筑运行全过程中的碳中和。同时，着力推进土建与机电设备的施工图和专项施工图设计及其深化设计、工程组织设计、工程施工组织设计、工程施工方案设计的"工程项目 4 个同步设计"。因此，互联网、物联网等数字化技术与建筑设计情景相融合，能确保建筑技术的先进性和资源节约性，为后期施工和运行奠定坚实的基础。例如，上海中心大厦转变传统的深化设计方式，利用 BIM 的三维可视化设计手段，在三维环境中将 BIM 系统专业的模型进行叠加，并将其导入 Autodesk Navisworks 软件中进行碰撞检测，并根据检测结果加以调整。该方式不仅能快速解决碰撞问题，还能够创建更加合理美观的管线排列。此外，通过高效的现场资料管理工作，即时修改能快速反映到模型中，可以获得一个与现场情况高度一致的最佳管线布局方案，有效提高一次安装管线的成功率，减少返工，提升效率。

4.4.2　以施工为抓手，强化建筑施工数字化

建筑生产作业环境往往具有"脏、危、杂、重"的特点，当前我国建筑业逐渐步入工业化、智能化、绿色化阶段，对建筑产品的生产和建造过程提出了更高的要求。在工程建设阶段，BIM、5G、人工智能技术已开始应用于建筑施工管理中，建筑施工智能机器人在极端建造环境中发挥着越来越重要的作用，传感、大数据、云计算等技术与机械协同工作，提高了建筑施工过程中信息的互通能力和建造效率。同时，在建筑施工阶段实施绿色建造和智能建造。打造数字孪生工程建设模拟系统，对建造过程进行模拟，对工程项目施工场地布置、机械选型、施工计划制订、资源计划制订、施工方案制订等作出智能决策，避免施工程序不合理、设备调用冲突、资源利用不合理。建立"互联网＋监测"的智能管理方式，可在建筑施工现场积极执行建筑节能与绿色建筑标准规范，使用计算机技术对施工现场的电力系统、空调系统、供水系统、给排水系统等系统的运行进行全面实时监控，统筹资源间的最优分配，实现施工现场能耗管理的智能化。此外，推动构建智能建造平台，对建造进度、安全、质量、环保等方面进行数字化、精细化管理，提升建筑工程品质。加快建筑机器人及智能化装备在混凝土预制构件制作、钢构件下料焊接、高空焊接等领域的推广应用，提升工程施工智能化水平。

施工现场精细化管理。依托数字化时代下BIM和VR技术的综合应用，对施工现场情景进行模型化和数据化，构建可视化的虚拟施工现场，实现施工现场的精细化管理。推广建筑机器人等智能施工机械在施工现场的应用，优化智能施工机械之间的协同作业能力，构建工程建造信息模型（EIM）管控平台，建立工程项目建造的全过程、全参与方和全要素的系统化、数字

化管控系统，在 EIM 管控平台和 BIM 技术的驱动下，机器人代替人完成工程量大、重复作业多、危险环境、作业体力消耗大等情况下的施工作业。此外，对施工现场设备的远程监控，可便于项目管理人员查看设备的实时数据、报警记录，并进行工效分析等多维度数据分析，随时随地地了解施工现场情况，及时进行远程沟通，实现对设备的实时精准管控，优化资源配置，保障工地的生产安全性和效率。例如，山东潍坊寒亭区住房和城乡建设局的 5G 智能建造监管平台项目采用智能建造监管平台，实现施工现场塔吊及吊钩可视化管控。平台综合应用 5G、人工智能、边缘计算、各类感知终端等先进技术，对施工设备运行情况进行实时、动态监控，实时优化施工现场的资源配置，有效支撑了施工质量、安全和进度管理。

施工物料高效化管控。借助物联网技术实现对施工现场大宗物资验收的智能管控。在施工现场地磅周边及磅房内部安装主动红外入侵探测器、摄像头、工控机、高拍仪、UPS（不间断电源）、磅单打印机等硬件，对物料进行快速入库验收、验收记录抓拍、一次过磅打印等自动化、智能化管控，实现过磅现场实时情况的可视化、可追溯、可留存，有效避免人为因素造成的材料亏损，提升施工现场人员的过磅效率，同时通过对业务数据进行准确、实时地收集，加强业务单据标准化管理，助力施工现场物资的精细化、高效化管控。例如，武汉市金银湖大厦建设项目中采用智慧工地物料管理系统，实现对地磅材料的进场验收及信息录入、对移动端材料的进场验收及信息录入、车辆皮重情况分析、综合数据分析等功能，对施工现场物料验收进行数字一体化管控，显著提升了验收效率。项目统计数据分析结果显示，智慧工地物料管理系统使该项目材料使用量与其他同类型项目材料使用量相比节约 20% 左右。

施工质量智能化控制。建筑工程项目施工规模较大、工序复杂，借助数字建筑可强化施工关键环节的质量管控，确保施工过程满足质量管理要求。以 BIM 为载体，数字化集成质量检查项维护、质量检查计划制订、过程实测实量数据采集、质量问题生成及整改、检查数据统计查询、质量问题分析预警等管理内容，贯穿质量问题的检测、分析、整改、复查等环节，对施工全过程的质量进行严格监控和施工情况可视化展示，严把质量关，做到管理留痕，保证项目可控、在控、受控。同时推动智慧工地建设，加快施工现场管理的数字化转型，在满足工程质量要求的同时使施工现场环境更加和谐，节约施工成本、减少环境污染和提高施工效率。例如，宜宾市三江口中央商务区一期工程项目采用数字工地质量检查系统，实现可视化展示项目施工情况和现场信息，记录质量检查过程数据并分析，及时整改相关问题，显著提高了施工质量。经项目统计，通过数字工地质量检查系统进行施工质量管理，现场共发现质量问题 866 个以上，整改闭合率达 95%，大幅提高了整改效率。

4.4.3　以运行为重点，实现建筑运行智能化

从建筑全生命周期的角度来看，除建材生产外，建筑运行阶段所产生的碳排放占比最大。因此，要从根本上转变"重建设轻运行"观念，利用新一代信息技术对建筑运行阶段的碳排放进行实时管控，实现建筑的绿色运行管理。加强建筑运行阶段的节能降碳管理，是建筑绿色低碳运行的重要环节。完善建筑领域能源消费统计制度和指标体系，定期开展公共建筑空调、照明、电梯等重点用能设备的调试保养，确保用能系统全工况低能耗、高能效运行。推动建筑数字化、智能化运行管理平台建设，推广应用高效柔性的智能调控技术。推动建筑群整体参与电力需求响应和调峰。智慧建筑一般由传感器与执行器、网络与通信、软件平台、暖通空调（HVAC）系统、智能控制平台 5 部分组成。尤其是公共建筑、城镇居住建筑基于数字技术的智慧方

案，通过物联网、大数据和云计算等数字技术对整个建筑进行实时监测和分析，降低建筑运维的总体能耗。数字技术助力建筑业从传统建筑向绿色智慧建筑转变；绿色智慧建筑通过智能控制、数据采集、统计计量等手段，整合IT（信息技术）与 OT（运营技术）系统，运用云计算和人工智能无缝分析数据，将建筑物的结构、系统、服务和管理根据用户的需求进行最优组合，营造科技与人性化为一体的建筑生态，实现建筑内部能源资源利用最优，效率、性能和功能的全面提升，楼宇内部能耗可降低 20%。

建筑能耗的智能管控。建筑能耗的智能管控系统通过连接电表、水表、流量仪、燃气表等装置采集能量实时使用情况，通过计算机系统将采集到的数据录入和转换，自动生成各种形式的图表，并将数据传输至监控系统中，实现对建筑设备的远程集中控制管理。与此同时，监控系统还可根据实际情况自定义时段、自定义策略、自定义阈值，对能耗过大、能效过低的现象进行预警，实现对建筑设备的自动化节能调控。例如，江苏某楼宇通过建设综合能源管理系统，使楼宇的整体能耗降低了 15%，同时提高了办公效率和空间利用率，楼宇能效提升了 30%，运营效率提升了 10%。再如，施耐德EcoStruxure 楼宇系统及其云能效能源管理平台，能够安全地整合并交换建筑内的电气、照明、暖通空调、消防、安保及工作场所管理系统的数据与分析结果，并借助数字化和大数据技术，更加智能地获取整个系统的状况，提供用户可操作的信息；通过提高楼宇能效，降低了 30% 的楼宇能耗和运营成本。该平台致力于打造提高人员生产力并优化楼宇价值的现代化设施。

空调系统的节能降耗。暖通空调是建筑运行阶段碳减排的焦点，采用最有效的供暖、通风和制冷技术，以及此类系统的高效运行和定期维护，可以减少该阶段的碳足迹。在中央空调系统中，当系统负荷变化、空调主机及水系统工作状态偏离最佳状态时，智能控制器根据采集到的各种运行参数，经过推理得到系统该时刻所需的冷量（热量），对系统运行参数进行动态调整，确保空调系统在任何负荷条件下都处于良好的运行状态，从而使能效比保持在较高水平、能耗保持在最低水平，达到节能降耗的目的。例如，浩鲸科技基于强化学习的风冷空调控制模型的实践应用，通过空调实时动态控制下发、空调实时功率及机房温度变化监测，使机房的能源利用效率明显提升。再如，位于阿姆斯特丹的德勤 The Edge 大楼，将数字技术贯穿于建筑的全生命周期，通过综合集成通风、采光、采暖、制冷、能耗监测等系统应用，实现综合能效控制。

智慧照明的节能降耗。智慧照明管理系统在照明节能方面起到了重要作用。智能灯控网关、灯控器、环境传感器等设备的加持，使室内公区灯光和室外路灯具备强大的智慧感知能力。这不仅可以采集到用电数据，还能根据日出日落时间、工作时段、环境光照强度变化等情况，实现分区域、分时段智能调节。例如，楼梯间、公共走廊、电梯厅等公共空间，工作日的非工作时间可调低照明亮度，节假日只亮少量灯以满足视频监控的基础照度要求。而搭载了感应器和摄像头的智慧灯杆，可以随人、车通行情况，同步提高或降低照明亮度。建筑群之间互联互通，智能建筑群的运行机制源于模拟自然界生物群体协同合作的工作模式，属于分布式平台。能链、朗德华等公司开发的云平台，可支持 10 万栋级别城市智能建筑群的能源管控，实现建筑群内水 / 电 / 气 / 热 / 油等全部能源数据和温度、湿度、光照强度、气候环境参数及设备运行参数的采集、存储、分析、应用和能耗仿真，为实现城市建筑节能提供强有力的支撑。

"光储直柔"助力实现建筑的零碳运行。采取通风与遮阳被动式建筑节能技术、基于直流配电的"光储直柔"技术及与电网互动的"虚拟发电厂"技术构建集成屋顶光伏、多种建筑分布式储能和直流电器在内的"光储直柔"系统，将建筑内部的供电系统由目前的交流电变为直流电，建筑从能源系统的使用者转变为能源系统的生产者、使用者和存储调控者，满足多样化负荷需求与分布式新能源规模化接入的要求，助力建筑柔性用电，有效消纳自身光伏和远方风电、光电，从而更加高效地生产和消纳风电、光电，实现建筑的零碳电力运行。例如，中国建筑科学研究院近零能耗示范楼在能源管理与楼宇自控方面，结合建筑室内环境需求，采用智能运行管理系统，实现系统和设备的精细控制和运行优化。近零能耗示范楼通过高性能的建筑围护结构、高效的建筑能源系统和优质的运行管理，以实际运行数据实现了与同类建筑能耗相比节能 80% 以上的目标，形成了建筑物"冬季不使用传统能源供暖，夏季供冷能耗降低 50%"的节能技术和可再生能源联合应用技术体系，成为我国建筑节能的领跑者。

4.5 碳管理、碳交易与碳汇领域数字化与绿色化融合发展

4.5.1 数字技术赋能碳管理科学高效

数字技术在碳管理中扮演着重要的角色，为构建低碳未来提供了关键驱动力。通过数字技术的应用，企业可以更好地量化、监测和管理碳排放，实现能源和资源的高效利用。同时，基于数字技术的创新解决方案和跨界合作，也为推动碳减排和低碳经济的发展提供了新的机遇。综上所述，在数字化时代，利用数字技术实现碳管理已成为企业和组织迈向低碳未来的关键路径。

2022 年 8 月，工业和信息化部、国家发展和改革委员会、生态环境部联合印发《工业领域碳达峰实施方案》，该方案提出建立数字化碳管理体系，加强信息技术在能源消费与碳排放等领域的开发部署。推动重点用能设

备上云上平台，形成感知、监测、预警、应急等能力，提升碳排放的数字化管理、网络化协同、智能化管控水平等。2024 年 2 月，《工业和信息化部等七部门关于加快推动制造业绿色化发展的指导意见》发布，提出培育制造业绿色融合新业态，推动数字化与绿色化深度融合，加快建立数字化碳管理体系，鼓励企业、园区协同推进能源数据与碳排放数据的采集监控、智能分析和精细管理。

数字化碳管理体系是指利用现代科技手段和数字化工具来对企业、机构或个人的碳排放情况进行监测、管理的过程。数字化碳管理体系能够帮助政府管理部门和企业获取涉"碳"的各种信息，把"碳"管理起来，摸清"碳家底"、规范碳核算，实现碳资产管理和碳排放追踪的数字化。通过数字技术提升碳排放数据获取、传递、存储、计算、统计的精准性、便捷性、安全性、可信性和高效性，助力碳排放核算的实时化、精准化和自动化，促进碳市场、碳金融高效运转。为实现"双碳"目标，可围绕数字管碳、数字减碳、数字碳评价这 3 个核心功能，从政府、行业和企业 3 个层面构建数字化碳管理体系。

1. 数字管碳

数字管碳是指利用数字化系统辅助进行碳管理工作，它在实现全场景、全链条减碳等过程中发挥着重要作用。企业可通过搭建数字化能耗在线监测系统或能源管理中心等，实现生产全过程和经营管理全范围的能耗和碳排放、产品碳足迹数字化管理，有针对性地对高碳排放环节进行节能减排改进。同时从地方到中央各级政府部门应建立数字化碳管理公共服务平台，企业内部的数字化碳管理系统可与地方政府的数字化碳管理公共服务平台对接，地方政府平台通过与部委平台对接，实现自下而上的企业能源消耗、碳排放及产品碳足迹等数据的自动核算及上传、上报，提高数据统计核算的效率、准确度、可信度和可追溯性，摸清"碳家底"，切实加强企业层面的数据采集监测，并及时开展地方层面的数据统计，统一实施国家层面的数据核算，企业可在政府部门平台上开展企业碳排放信息披露，减少数据造假问题，提升碳排放数据的透明度和可靠性。

其中环境管理生命周期评价（LCA）数据库是开展产品碳足迹计算的前提和基础，目前国际、国内各种环境管理 LCA 数据库鱼龙混杂，而且我国尚没有官方权威环境管理 LCA 数据库，各行业均应建立环境管理 LCA 基础数据库，汇总后构建基于供应链的国家层面统一权威的产品碳足迹数据库公共服务平台，依据官方权威环境管理 LCA 数据库开展 LCA 及产品碳足迹计算。同时，将碳排放责任从生产端扩展到消费端，建立基于供应链基准值的数字化碳核算体系，推动碳核算方法更科学、公平、合理，促进与国际碳核算方法互认，可为我国应对欧盟碳边境调节机制和国际气候变化谈判提升话语权。

2. 数字减碳

数字减碳是指利用云计算、物联网、大数据、人工智能等数字技术减少碳排放量、实现"碳中和"目标的过程，其通过优化能源管理和生产流程，提高能源利用效率，减少碳排放量。各级政府部门和行业协会可通过采取示范引领、政策支持、服务监督等手段开展数字减碳工作。各级政府部门和行业协会基于碳数据治理的架构，通过建立数据模型，从运行成本、环保效益、能源利用效率等多维度给出企业运行方式优化和决策建议，为行业和企业开展节能减排提供信息化支撑。

加强示范引领，探索形成一批可复制、可推广的数字减碳解决方案和创新应用。一是强化顶层设计，采用"自上而下"的方式开展，通过明确领域方向、工作任务、面向重点领域开展一系列试点应用，厘清各行业利用数字技术推进碳达峰碳中和的着力点和典型应用场景，探索形成一批可复制、可推广的数字减碳解决方案和创新应用。二是开展项目遴选，鼓励重点领域开展数字技术促进碳达峰碳中和最佳实践项目试点，遴选一批工业、通信、能源、交通、建筑等领域先导试点应用，推进多维度数字减碳应用和服务创新。完善政策支持，合理推动试点项目与其他重点工程、科技规划的衔接，有条件的地方政府也可以对试点项目给予土地、资金、用电等政策支持，减小推行阻力。

加强经验总结，以点带面大范围推广数字减碳。在组织实施上，数字减碳应围绕具有示范效应和普遍适用推广价值的碳数据摸底、碳排放情景预测、碳减排应用等新技术、新应用、新模式，推动政府部门会同行业协会、龙头企业等定期对试点项目推进情况进行总结，提炼先进经验和做法。开展试点评估，诊断当前数字减碳推进过程中的问题和瓶颈，为后续有针对性地优化政策提供参考和依据。在经验宣传上，可依托数字中国、碳达峰碳中和、绿色经济等相关主题的大会、峰会、论坛等，开展数字技术促进各行业碳减排经验宣讲，向企业、地方宣传入选试点项目的赋能路径和效果等。发布数字化促进碳达峰碳中和试点项目的案例集，分享企业利用数字技术节能减碳的新应用、新模式。综上所述，对于数字减碳，应高度重视试点示范的积极效应，推进数字赋能碳减排先行先试，助力数字减碳在各行业中的加速部署和演进升级。

3. 数字碳评价

数字碳评价是指利用数字化手段对碳排放进行评估和管理的一种方法，

通过数字技术，可以实现对碳排放的精准测量、分析，从而提高碳管理的效率和准确性。在碳排放数据相对准确可信的基础上，各相关部门可开展区域、企业或产品的低碳比较，结合科学合理的评价方法，运用大数据、云计算等数字技术，快速精准地对不同的区域、企业或产品开展低碳水平评价，提升碳评价效率。在企业和行业层面，数字碳评价可助力企业快速了解自身和行业情况，企业可针对自身不足积极采取有效措施减少碳排放量。在政府层面，数字碳评价也是碳减排监管工作的重要抓手。

在实际应用中，数字碳评价已经取得了显著成效。浙江省湖州市的"碳效码"依托电力、统计等部门的信息，集成企业生产经营用电、用气、用煤、用油等数据，通过设计合理的碳效评价体系，为全市 3700 余家规模以上工业企业精准画像、赋分。"碳效码"背后的"碳平台"加载了绿电交易、绿色金融、绿色技改、绿色工厂评价等功能，可在线监控、季度动态更新企业碳效数据。全市 381 个行业和市县两级资源和能源利用效率、产品附加值水平、经济运行绿色程度等一系列信息也能同步获取，为重点企业低碳转型、区域产业绿色发展，提供了清晰的方向和目标。同样，浙江省仙居县也通过数字化改革深入推进项目碳评价工作，建立了完善的碳核算方法和数字化碳管理系统，有效提高了碳评价的效率和准确性。

4.5.2 数字技术赋能碳交易精准有序

增强碳数据采集质量。碳数据是碳交易市场的生命线和奠基石，一旦出现问题，将严重阻碍碳交易市场的发展。目前，全国碳排放权交易市场采用监测、报告和核查（MRV）制度，即对重点排放单位的温室气体排放量进行监测、报告及核查。MRV 制度在确保全国碳排放权交易市场公平、有序运行的同时，还能提高市场透明度和可信度、降低重点行业的碳排放。利用物联网、大数据等数字技术，可实现对 MRV 数据的自动化、实时化收集，减少人为因素造成的误差，实现数据的高效采集和可靠存储，确保了数据的准确性和一致性，推动碳交易市场实现更高的效率、公平性和透明度。

提升碳交易信息安全水平。利用区块链技术"去中心化、透明安全、不易篡改、信息可追溯"的技术特征，提升信息透明度、降低信息管理和监督成本，构建各环节、全流程可视、可信、可靠的交易监管环境，实现对高耗能、高排放企业和绿色节能企业的碳资产和碳排放权进行实时、透明、不易篡改的管理，助力碳交易从碳排放权获取、交易、流通，到交易核销、统计的全流程数据上链存储与可信、共享应用，在"有目共睹"的情况下进行碳排放配额交易。

提升碳交易市场的交易效率。碳交易市场通过引入大数据、人工智能等数字技术，构建全国碳交易市场管理平台，开展数字化、智能化管控，可实现对数据质量风险的智能预警，增强碳排放数据质量监管手段。同时，依托数字技术，可以实现共建、灵活互动的碳资产交易模式，更精准、更及时地对接碳交易双方的需求，快速识别有效需求，提高撮合效率，从而降低资源投入和消耗，进一步深化对现有存量资源的深度挖掘和再利用，降低生产要素的机会成本。

提升金融对碳交易市场发展的支撑作用。绿色金融主要包括绿色信贷、绿色债券、绿色基金、绿色期货等产品，多层次的绿色金融产品和市场体系已经基本形成，可以有效助推碳交易市场的高速发展，而数字技术的应用能够起到大幅提升绿色金融的发展效率、降低风险、规范监管等作用。大数据、人工智能等数字技术与绿色金融的深度融合，为客户筛选、投资决策、交易定价、投 / 贷后管理、信息披露、投资者教育等方面提供技术支撑。运用数字技术搭建信息平台，解决信息不对称问题，包括机构与客户、资金需求方与供给方、监管层与被监管机构等的信息不对称问题，在整个供应链上搭建完整且畅通的信息流，系统全面地对整个供应链所包含企业的整体信用进行综合比较，保证每次交易数据可追溯，从而提高业务、融资、监管的效率。进一步拓宽绿色融资渠道，布局碳金融、盘活碳资产，基于大数据、机器学习、人工智能等技术进行的智能分析、建模、预测等功能，强化绿色金融业务的审核、日常监测与检查，降低碳金融产品的风险、提升管控水平，推动更多、更有实效的碳金融产品，开展交易。构建绿色评级数据库、绿色评级模型、绿色定价模型等，综合评估绿色资产与相关绿色项目的风险和收益，加强上下协同、横向联动，探索更多服务模式，推进碳资产服务能力建设。

4.5.3　数字技术赋能碳汇提质增效

数字技术赋能碳汇资源管理。加强林业碳汇源头管理，结合我国碳汇资源实际情况和碳汇生产技术的发展趋势，利用大数据、云计算等数字技术，构建可监测、可计量、可报告、可核查、可预警、可管理的碳汇资源动态管理，打破不同部门间碳汇数据壁垒，建立跨部门、跨层级的多维联通、分析整合、共建共享的管理机制。建立碳汇资源管理大数据平台，实现碳汇经济发展项目的科学决策、智能管理，以各地区自然环境发展特点为依据，全面追踪碳汇市场动态信息和更新碳汇交易信息，并对收集到的市场动态信息进行有效分析和解读，深入探索并丰富、拓展碳汇经济发展的市场服务模式，利用大数据分析技术，为政府规划与决策提供全面、准确、及时的数据支撑。制定短期和中长期碳汇资源数字化管理策略，科学划分碳汇资源产品类别，针对不同类型产品制订专门的数字化管理计划，运用数字孪生等技术构建风险管理系统来应对不确定性风险。健全完善的数字碳汇技术创新体系，加强产学研深度融合，筑牢可信、可控的数字碳汇安全屏障，增强碳汇资源数据的安全保障能力。

数字技术赋能碳汇资源监测。进一步完善碳汇资源监测体系建设，进行系统性、全面性的监测，建立或完善相关基础模型、基础参数库和数据库，定期开展计量监测工作。利用大数据、人工智能、空间遥感等数字技术，构建数字化、智能化的碳汇资源实时监测体系，实现碳汇资源的远程遥感和实时监测。构建实时、动态、智能的碳汇计量分析体系，推动对碳汇资源的基础信息展开精准计量和动态评估，确保碳汇资源数据的准确性、及时性和完整性。结合三维建模技术、GIS 技术、大数据技术，构建一个具有地理位置信息及生态因子信息的三维场景，借助数字孪生、人工智能等技术，建立碳汇资源智能管理平台，对时间、地点、事件等全息要素进行检索查询并基于地图进行展示，实现地理数据与碳汇资源数据的集成管理、综合查询、统计分析、专题地图展示等功能，帮助用户方便、及时、准确地了解和掌握资源变化现状和趋势。完善碳汇资源全域感知系统，通过数字技术代替人力，提供全域、动态、实时、泛在的综合性的信息感知，一网贯通碳汇资源的"云、网、端"。运用大数据技术描绘绿地、湿地、土壤、冻土的碳汇作用，形成数字生态环境监管能力，推进各地区生态系统的动态化监管保护与区域联动，提高生态系统的质量和稳定性，提升生态系统碳汇增量，提高生态系统固碳效率。

数字技术赋能碳汇资源治理。运用数字技术开展生态环境智慧治理、生态环境信息化体系建设及推动山水林田湖草沙一体化保护和系统治理。综合运用被称为"中国魔方"的草方格、"五带一体"治沙防护体系、"光伏＋治沙"等新技术、新模式和新业态，采用无人机飞播造林（种草）、物候监测系统等技术，助力森林、草地等碳汇资源面积、蓄积量"双增"，推进荒漠化、沙化土地等弱碳汇地区面积"双缩减"，全面提升碳汇资源水平。利用数字技术合理开发和利用林业资源，赋能调整森林、草地等的生态结构，增加优势植被所占比例，提高碳汇生产力，对碎片化的碳汇生态资源进行充分利用。综合运用自然恢复和人工修复两种手段，因地因时制宜、分区分类施策，基于不同区域水文、大气、生物、社会、经济等领域数据，依托数字化与绿色化的融合发展方式，建立大数据模型，综合分析人与自然耦合生态系统演变特征、驱动力和反馈机制，明晰不同生态功能区中应采取的最适宜生态修复技术，提升生态修复技术的适用性、可靠性，积极探索顺应自然、尊重自然、改造自然、保护自然的最佳平衡点。基于物联网、人工智能等数字技术，建立目标协同、多污染物控制协同、部门协同、区域协同、政策协同的环境治理和生态修复方案，对生态脆弱区的沙土、气候、水分、优势植被种群等开展分析研判，针对森林退化、荒漠化、石漠化、水土流失等问题探索因势利导、量体裁衣的最优解决方案，修复受损的自然生态系统，提升生态系统的多样性、稳定性、持续性，不断提高水土涵养和环境承载能力，推动构建区域一体化的生态环境治理体系。

数字技术赋能碳汇产品提质。利用大数据算法模型等，编制碳汇资源资产负债表，分别摸清全国和地区层面的碳汇资源"家底"，为碳汇产品的价值评估、市场定位和上市定价提供科学准确的数据支撑。利用大数据、云计算等技术，针对碳汇产品交易市场的供需状况、动态价格等关键信息进行精准识别和分析研判，给碳汇产品供需双方提供全面、有效的市场分析和准确配对。通过区块链、大数据等技术，实现碳汇产品数据的互联互通，保障交易的安全可靠性，实现碳汇产品交易的批量化、规模化，降低交易成本，推进智慧交易，提升交易效能。建立碳汇产品的数字化认证体系，有效保障碳汇产品的核心价值。运用区块链、大数据、人工智能等数字技术，构建去中心化、不易更改、可公开获取的碳汇产品数字化认证方法和认证规则，用标识解析等技术，为通过认证的碳汇产品加贴注明来源、地域、数量等信息的"碳汇码"身份标识，建设全国统一的碳汇市场，实行统一的碳汇数据标准，凸显碳汇产品的综合价值，有效提升国内外的碳交易市场竞争力和认可度。创建碳汇产品智能交易平台，鼓励全社会的组织和个人，通过碳普惠等复合衍生模式，拓展碳汇产品金融化的更多应用场景。利用人工智能、云计算等数字技术，提升碳汇金融体系的运作效率，减少资源浪费和碳汇产品交易的金融损失。借助数字平台，将碳汇产品以金融产品的方式推向更广泛的市场，吸引更多的投资者和社会资本进场，积极参与碳汇产品衍生金融交易，实现碳汇产品价值的提升。

第五篇

实践篇

▷ 第5章
数字化与绿色化融合发展的实践案例

5.1　企业数字化与绿色化融合实践

5.1.1　制造业典型企业的数字化与绿色化融合案例

1. 攀钢5G低碳智慧矿山方案[1]

（1）案例简介

攀钢集团有限公司（以下简称"攀钢"）是依托攀西地区丰富的钒钛磁铁矿资源，依靠自主创新建设发展起来的特大型钒钛钢铁企业集团，始建于20世纪60年代中期的三线建设时期。作为攀钢高炉冶炼的主要原料供应基地，攀钢拥有钒钛磁铁矿、白云石矿等矿山。经过50多年的建设发展，攀钢在钒钛磁铁矿资源综合利用方面已处于世界领先水平，是引领全球的产钒企业，是我国核心的钛原料和拥有完整产业链的钛加工企业，是我国重要的铁路用钢、汽车用钢、家电用钢、特殊钢生产基地。攀钢所属企业主要分布在四川省攀枝花市、凉山彝族自治州、成都市、绵阳市，以及重庆市、广西北海市等地。

在实现"双碳"目标的推动下，传统矿山在加快数智化转型步伐的同时，如何进一步体现"绿色""可持续发展"是当前矿山发展面临的重要问

1　案例来源：《数字碳中和优秀企业实践案例集 工业篇（2024年）》。

题。攀钢联合华为打造 5G 低碳智慧矿山项目，在实现钻机、电铲、矿用卡车单点智能化作业的基础上，打通穿、采、运全流程的智能化，聚焦智能化生产、无人化物流、数字化运维、人工智能质检、网络化协同及工业互联网平台建设等，提升了安全生产效率，减少了能源资源消耗，推进了产业智能化、绿色化融合发展。

（2）技术应用

在网络规划优化阶段，攀钢针对矿山办公网、控制网、视频网等多张矿山生产经营所需网络，对矿山业务进行精准画像，按照矿山生产经营整体架构进行网络规划，构建架构最优、传输资源利用率最高、机房空间资源最省、能源动力配套极简的 ICT 基础设施建设与网络演进方案。

在网络优化与业务演进阶段，攀钢针对业务需求变化对矿山专网进行持续调优，让矿山专网网随业动、精准高效。以多网合一为目标，最终打造出了可实现无障碍覆盖的精准、极简、智能运作的目标网络。

在 ICT 基础设施建设部分，攀钢将绿色锂电、自然风空调与云化资源等绿色技术运用到矿山边缘数据中心和网络基础设施建设中，推出了绿色低碳的网络与边缘基础设施，通过"源（绿色电力）、蓄（绿色蓄冷）、用（智能用冷）"三元组，降低了年度电费。

攀钢通过 5G+OICT（运营技术、信息技术和通信技术）融合实现矿山无障碍远程操控，支撑绿色矿山低碳、安全、智能、高效开采。华为通过利用 5G 技术大带宽、低时延和广连接的优势，为矿山生产各系统提供了统一优质的通信网络，有效提高了矿山开采过程中的设备互联和人机交互能力，矿产资源开采实现了高效智能化。攀钢对矿山设备进行智能化升级，用 5G 远控改造，将现场作业人员撤离生产现场，拉远到安全舒适的远程操控中心。

大数据＋人工智能技术加持，做好能源大管家工作，助力矿山经营的

"智能管控"与矿山能源使用的"精打细算"。矿山清洁能源（如风、光发电）受气候条件和环境因素的影响较大，具有强随机性、间歇性和波动性，难免会出现能源浪费现象。矿山端边网云协同的数字化集成，让矿石流、能源流、数据流"三江"共入"绿海"，通过运用人工智能技术，实现了复杂因素影响下的能源长短期预测和动态调度。

（3）融合成效

在 ICT 基础设施建设方面，年度电费下降 20%，实现了矿山边缘数据中心绿色能源的高效使用。攀钢不仅节约了成本，还响应了国家号召，在环境保护、绿色能源使用的可持续发展方面作出了表率。

在矿山无障碍远程操控方面，攀钢实现了矿山生产的"本质安全"。由于设备实现智能作业，矿工只需在旁监控其流程运作是否顺畅，一人可同时操控 5 台矿车，大大提高了人工效率及设备使用率。此外，基于 5G 的精确实时定位技术、设备到设备（D2D）物联通信技术，可实现精准定向矿山开采，从而提高了矿产资源的开采品质。

在大数据 + 人工智能加持方面，攀钢引导电力系统达到源—荷互济，利用人工智能实现矿山能源使用的"精打细算"。

2. 华新水泥数字化管控中心[2]

（1）案例简介

华新水泥股份有限公司（以下简称"华新水泥"）创始于 1907 年，被誉为"中国水泥工业的摇篮"，其主要的业务涵盖了水泥、混凝土、骨料、环保、装备制造及工程、新型建筑材料等。华新水泥在国内 12 省市及海外拥

2　案例来源：《数字碳中和优秀企业实践案例集 工业篇（2024 年）》。

有分／子公司270余家，水泥年生产能力已达到1.1亿吨，为中国制造业500强企业和财富中国500强企业。

华新水泥把握机遇，率先开始数字化转型。在华为云的助力下，华新水泥通过核心业务应用全面数字化、IT与OT融合，构建横向到边、纵向到底的数字化体系，以数据驱动业务，在激烈的市场竞争中取得优势。

通过信息化管控集成应用，华新水泥打通了管理层、生产执行层直至生产现场的信息通道，使企业业务流程得以优化；生产数据的实时上传为合理调度、均衡生产提供了强有力的支持，使企业的生产效率得到较大幅度的提高。

华新水泥数字化转型实践，最大程度地实现了水泥生产与工业互联网的融合，生产智能化和运营管理数字化项目，使企业的信息化管理由局部应用走向全面综合应用，由粗放管理变为精细管理，从而显著提升了企业的管理水平和综合竞争能力。

（2）技术应用

华为云首先通过数据平台，搭建了华新水泥统一的数据平台，厘清该企业的数据资产，进一步统一数据标准和规则，并确定唯一的数据源。在数据确定后，对华新水泥整体进行方案设计，分别进行分层架构和集成方案、数据模型、数据标准、数据质量规则、数据指标、数据服务接口标准设计，并最终开发实施。

通过不断的数字化建设，华新水泥已实现对各类数据的钻取、展现、分析、预警，达成对未来的分析优化，真正起到以数据驱动业务的作用，数据管控中心为各级单位和部门提供业务数据服务和分析工具，实实在在地服务于执行层面各业务决策。

（3）融合成效

在生产效率方面，在工业互联网和数字技术的助力下，华新水泥智能工厂50名工人就可以完成万吨生产线的全部工作。而同样规模的传统生产线，需要300名以上的工人。通过智能化升级改造，华新水泥行车生产效率提升30%，质检生产效率提升20%，巡检效率大幅提升，生产一线可以减少用工1/3以上。

在环境效益方面，通过技术升级和智能化改造，部分水泥生产线污染物排放量较原来下降60%，单位熟料热耗下降40%，碳排放强度下降12%。

在管理运营效率方面，实施智能制造系统后，华新营销数字化在线平台水泥及熟料销量在公司总销量中所占的比例在95%以上；通过华新水泥采购数字化平台可降低采购综合成本的10%～20%；智慧物流发货系统的发运效率提高100%，客户满意度比原来提升了16.5%。

3. 石科院氢气资源高效利用技术[3]

（1）案例简介

中石化石油化工科学研究院有限公司（以下简称"石科院"）是中国石化直属的石油炼制与石油化工综合性科学技术研究开发机构，创建于1956年。石科院以石油炼制技术的开发和应用为主，注重油化结合，致力于炼油、石油化工、石油产品、新能源、资源循环、环保、新材料和智能化八大领域的研究，正在向全方位的以炼油为主、油化结合的能源型研发机构转变。

石科院拥有自主知识产权的石油炼制全流程技术平台，是国内炼油企业主要的技术提供者，具备支撑和引领现代化炼油厂建设、生产和发展的综合

3　案例来源：《数字碳中和优秀企业实践案例集　工业篇（2024 年）》。

能力。石科院以打造世界一流的绿色低碳能源化工科学研究院为发展愿景，为石化行业高质量低碳发展提供全方位的技术支撑。

石科院基于对临氢装置工艺机理的深入认知，结合人工智能和过程系统集成优化技术，构建了氢气资源高效利用技术平台。从制氢装置原料优化、临氢装置节氢管理、氢气资源回收利用和氢气网络整合优化 4 个关键环节入手，开展氢气系统集成优化技术的研发，实现氢气资源的梯级高效利用和精细管理，提高全厂氢气资源利用效率，最大限度地减少装置氢耗、系统能耗和二氧化碳排放量。利用氢夹点分析技术与氢气网络数学规划模型，优化氢气资源分配和综合利用氢气资源，有效提高资源利用效率，助力企业低碳高质量发展。

（2）技术应用

利用氢夹点分析技术，可以诊断炼化企业氢气网络运行状况，突破系统用氢瓶颈，深度分析节氢潜力及优化方向，并提供炼厂氢气流股优化匹配规则。

对加氢装置进行严格模拟，开展用氢装置节氢管理，将加氢装置的反应动力学模型耦合于氢气网络优化模型之中，实现氢气网络与用氢装置协同优化，集成优化氢气分配网络和加氢装置的最佳操作条件。

构建氢气网络超结构数学规划模型，在实际约束限制下优化设计氢气网络拓扑结构。混合整数非线性规划模型可综合考虑压力约束、逻辑限制、提纯和压缩单元数学模型、投资成本和回收期等，以年度总成本最小为目标函数，充分权衡节氢量、投资成本和操作运行成本三者之间的关系。

结合炼化企业实际情况，考虑管网压力、区域加氢装置氢气消耗特点，综合权衡工程投资成本和操作运行成本，充分依托现有氢管网进行优化改造，实现氢气管网系统集成，石科院氢气资源高效利用技术路线如图 5-1 所示。

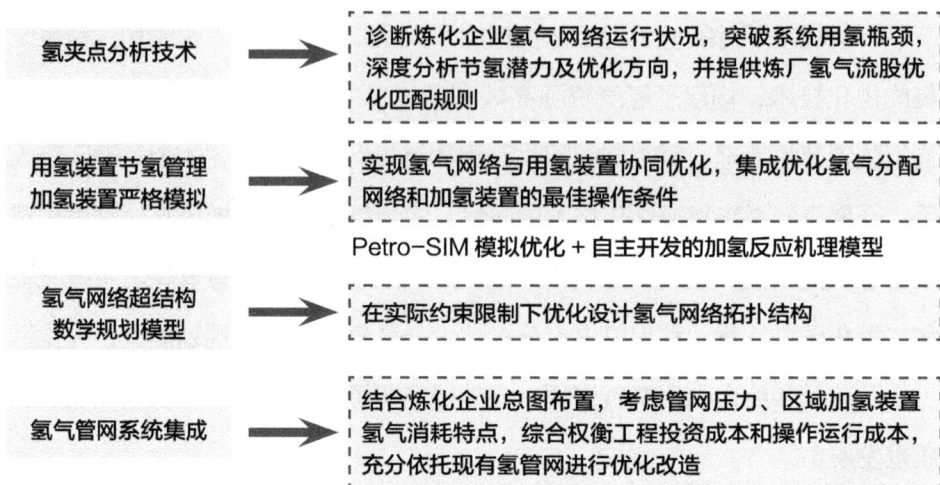

来源：中石化石油化工科学研究院有限公司

图 5-1 石科院氢气资源高效利用技术路线

具体的氢气资源高效利用优化策略包括两个层面，分别是装置层面和系统层面。装置层面的优化策略主要针对耗氢装置、产氢装置和氢气提纯回收装置开展的诊断分析与优化。耗氢装置的优化思路主要包括耗氢装置的操作优化、耗氢装置的氢气配置优化、耗氢装置高低分操作压力和操作温度优化、耗氢装置换热网络优化。产氢装置的优化思路包括制氢装置制氢原料的优选和制氢装置二氧化碳的捕集。氢气提纯回收装置的优化思路包括变压吸附（PSA）/膜分离装置操作条件优化（包括压力、处理量、回收率等方面的优化）、PSA/膜分离装置产品氢气纯度优化和原料气的选择优化。

此外，构建加氢装置的机理模型或数据驱动模型，可以进行加氢装置的原料优化、产品性质预测、操作条件优化和节氢管理。将其与全厂氢气网络优化模型耦合，可以充分考虑临氢装置原料、工艺条件与产品质量要求，从根本上消除装置用氢变化后对氢气网络造成的影响。此外，可以将装置用氢变化所带来的产品分布收益加入目标函数中，将产品硫、氮、金属含量指标加入约束条件中，从而实现包括油品收益在内的炼厂收益的最大化。

（3）融合成效

石科院针对 Z 炼厂开展氢气系统诊断与优化，现阶段的优化措施以降低氢气系统能耗为主，开展氢气 – 燃料气系统协同优化，预计通过采取优化措施将每吨原料炼油能耗降低 0.8 千克标准油；中长期优化方案以提高氢气利用率为主，优化产氢、用氢，加大氢气资源的回收利用，全厂氢气利用率提高 8%，每年可减少碳排放量 16.1 万吨。

石科院针对 C 炼厂开展耦合加氢装置模拟的氢气系统集成优化，现阶段氢气系统优化方案可使全厂氢气利用率提高 1.5%，每年可减少碳排放量 1.2 万吨；中长期氢气系统优化方案可使全厂氢气利用率提高 3.8%，每年可减少碳排放量 3.1 万吨，同时实现了轻烃资源与氢气资源的综合回收利用。针对 A 炼厂提出采用"膜分离预提浓 +PSA"工艺回收全厂氢气资源的方案，每小时可回收氢气 9187Nm³（其中 Nm³ 是标准立方，表示气体在标准条件下的体积），全厂氢气利用率提高 5%，每年可减少碳排放量 6.6 万吨。

4. 三菱电机电动汽车（EV）充放电及分布式能源智能管理[4]

（1）案例简介

三菱电机汽车部件（中国）有限公司成立于 2011 年 6 月 24 日，于 2012 年 5 月 1 日正式营业，其注册资金为 9800 万美元。它由日本三菱电机株式会社与三菱电机（中国）有限公司合资合作成立。该公司致力于汽车电子控

4　案例来源：《ICT 产业碳达峰碳中和白皮书（2022 年）》。

制动力转向系统、电子控制燃油喷射系统、汽车灯具、汽车音响、导航系统和车载多媒体产品、涡轮增压器执行器、废气再循环装置、可变气门正时装置、发动机点火装置、汽车发动机系统控制装置及零部件等的生产和销售。

（2）技术应用

目前，我国大力推动 EV 的普及，并制定了在 2030 年当年新增新能源、清洁能源动力的交通工具占比达到 40% 的目标。另外，我国正在大力推进水力发电、风力发电和太阳能发电等分布式能源的建设，以此降低煤炭等高环境负荷能源所占的比重，在提高能源系统效率的同时治理大气污染。

随着 EV 的普及，大量 EV 同时充电会给电网系统带来巨大的压力，导致电力短缺和电网系统的不稳定，容易引发电网系统的安全问题。另外，光伏等分布式能源的发电受天气变化的影响较大，电力供应不稳定，大量的分布式能源并网会导致电网系统的波动，发电量充足时会出现"弃水""弃风""弃光"现象，造成资源的严重浪费。近年来，将分布式能源的电力存储到蓄电池或者 EV 中，并根据用电需求进行放电来削减高峰电力的能源管理技术被相继开发。该技术有助于提高再生能源的利用率和对电网的友好性。和固定的蓄电池相比，EV 具有更高的移动性、更强的充放电性能，同时 EV 更是智慧城市发展中不可或缺的重要一员，既把 EV 作为电源又作为负载的传输／接收电力的能源管理技术正受到广泛的关注。

自 2018 年 11 月起，在三菱电机汽车部件（中国）有限公司（常熟市）工厂内导入由 EV、太阳能光伏发电系统（PV）组成的智能管理系统。三菱电机汽车部件（中国）有限公司拥有电动汽车充放电设备，该设备不仅可以给 EV 充电，还可以把 EV 蓄电池的电在必要时释放到微电网中，在工厂内部消耗。EV 作为移动发电站，可以在必要的时间、必要的地点进行充放电控制，这样可以与不稳定的分布式能源形成互补，实现综合利用。将 EV 作为建筑物的蓄电池加以利用，并与阶梯式电费单价联动、预测 PV 发电量，优化EV 的充放电时间表，削减建筑物的电力成本并实现用电负荷曲线的"削峰填谷"，提高电力系统的稳定性和减少电力设备的固定投资，降低电力需求侧的使用成本，为产业发展作出贡献。

（3）融合成效

EV 充放电时间表的优化使建筑物的电力成本削减 5%。联合建筑物内的停车场中的多台 EV 和 PV 等发电设备，预测需求电量和 PV 发电量，将电力成本最小化作为目标函数进行优化计算，实现用电负荷曲线的"削峰填谷"。在进行优化计算时，需要输入合同电量、电费单价、需求电量、EV 的行驶计划等，将 PV 预测发电量、EV 蓄电池储能余量、建筑物的合同电量作为限制性变量参数，通过特有的数理计划法制定各电源设备的运转计划、充放电时间表。

通过智能管理系统的控制，即使改变 EV 的使用安排，也可以抑制电力成本增长。将"1 日计划"（制订 1 日数次、未来 24 小时内的 EV 充放电计划）、"计划修正"（制订以数分钟为周期、未来数小时内的 EV 充放电计划）、"控制计划"（以数秒为周期制订计划）进行组合，一边对从系统购买的电力和 EV 充电量进行监测，一边修正 EV 充放电计划的预测偏差和 EV 使用安排的偏差，改善 EV 行驶计划和提高 EV 充放电时间表的精度。

因为此次开发的技术是对 EV 的充电连接和解除状态进行监测，每次都只对连接状态中的 EV 实施优化（即电力成本最小化），以数分钟为周期修正 EV 充放电时间表，通过细化 EV 充放电时间表，即使出现与计划不同的情况，也能够抑制电力成本的增加。

该项目的实施关键是如何针对多种参数输入进行更为有效的预测，除改良算法外，还导入了三菱电机最新的人工智能 Maisart。此外，以工厂 1/10

的用电量为模型，系统规模为 6 台 EV（每台标称电量为 24kW·h，每台实际电量为 13kW·h）、一个 50kW 的 PV。经过 8 个月的示范运行，平均每日可节约电费 125.6 元。以 2019 年 3 月数据为例分析，电费削减率为 3%～10%（电费平均削减率为 7.7%）。电动汽车和分散电源的联合使用效果明显（光伏发电量受天气变化的影响很大，但是 EV 调节效果非常稳定。二者联合使用的效果比单一使用的效果要好）。

5.1.2　信息通信业典型企业的数字化与绿色化融合案例

1. 联想供应链科学减碳 ESG 数字化平台[5]

（1）案例简介

联想集团（以下简称"联想"）是一家成立于中国、业务遍及 180 个国家或地区的全球化科技公司。联想聚焦全球化发展，树立了行业领先的多元企业文化和运营模式典范，服务全球超过 10 亿用户。联想作为全球领先的 ICT 科技企业，秉承"智能，为每一个可能"的愿景，为用户与全行业提供整合了应用、服务和最佳体验的智能终端，以及强大的云基础设施与行业智能解决方案。

环境、社会和公司治理（ESG）理念的加速普及，对企业 ESG 管理提出了更高要求，但过往 ESG 相关数据存在收集方式原始、数据缺失、数据连通性差等问题，联想 ESG 数字化平台上线，功能框架如图 5-2 所示，为数据的实时共享、端到端数据可视化提供了解决方案，从环境、社会、公司治理 3 个方面展示数据及其合规性，便于企业及时识别风险、解决问题。

5　案例来源：《数字碳中和优秀企业实践案例集　工业篇（2024 年）》。

来源：联想（北京）有限公司

图 5-2　联想 ESG 数字化平台功能框架

根据 ESG 数字化建设分阶段的工作内容，联想 ESG 数字化平台的核心目标可总结为：建立集中的 ESG 数据管理门户，形成数据驱动的见解，以实现闭环管理，提高 ESG 团队的工作效率，加强全球供应链 ESG 品牌建设，并将全球供应链的 ESG 管理经验转化为产品，赋能行业与社会，在 ESG 领域为联想全球供应链构建市场领先的管理平台。整个 ESG 数字化平台将会作为业务的控制台，收集并整合来自联想全球供应链上下游的相关 ESG 数据，提升日常工作效率，减少人力成本。

供应链 ESG 数字化平台分为 4 个主要领域：可持续产品、可持续价值链、净零排放和全球供应链 ESG 管理，以此来支持多个 ESG 运营团队的协同，如 ESG 战略、产品合规、采购、制造和全球物流。

在可持续产品领域。平台专注于从整个生命周期的角度，创建对环境和社会可持续的产品。我们将考虑产品中使用的材料、生产、运输和处理过程，分析消耗的能源，以及产品对参与其生产的社区的社会影响。并根据结果，实施改善可持续性的策略，例如可持续设计原则、可持续材料采购、减少废物和末端处理。

在可持续价值链领域。平台专注于构建统一的管理方法，来整体和全面地减少供应链对环境和社会的负面影响。该模块功能包括对供应商的 ESG 评估、沟通和改进建议，以及为可持续采购战略提供支持。通过关注整个价值链，公司可以全面地提高资源效率，降低 ESG 风险，创造价值。

在净零排放领域。平台关注全价值链的温室气体排放核算和减排。除了涉及自身运营和产品生产中的排放控制，我们还依托该平台管理供应链上下游，包括运输物流和外购商品和服务的碳排放。

在全球供应链 ESG 管理领域。平台将环境、社会和治理（ESG）融入全球供应链的日常运营中。通过闭环化的管理，不断提升全球供应链 ESG 的相关表现。

（2）技术应用

① 实施路径与方法

在基础建设阶段，着手建设 ESG 数字化平台，将分散无序的数据汇集至各模块的数据池中，通过平台串联各 KPI，提升数据的可视性，打好平台数据基础。在此阶段，重点保证联想内部数据的准确性和有效性。

在精益求精阶段，联想在基础建设阶段的基础上扩大 ESG 管理范围，关注到供应商等外部数据的准确性和有效性，帮助供应商提高数据核算准确度。在此阶段，联想关注实际产出值和理论目标值之间的差距，以及行业竞争对手和生态合作伙伴数据，设定明确的细分目标，以缩小差距、提高工作效率。

在赋能行业阶段，在协助供应商准确核算数据后，联想将进一步协助供应商的碳减排工作。在此阶段，联想真正实现了 ESG 数字化平台对 ESG 的赋能，利用数据驱动智能决策，从而最大化地提升管理效率。

② 应用场景

从业务角度来看，ESG 数字化平台可以将概念化的理念或者目标，在每个业务场景中具象化，通过对业务场景中的具体数据进行线上管理。从技术实现角度来看，借助平台的图表配置，用户可以快速实现看板内容更改，不需要个性化开发；借助平台的工作流配置，可以支持平台快速匹配业务场景，输出对应的管理流程。该平台可以有效帮助企业开展数据采集、分类管理、数据分析等工作，快速提升企业 ESG 管理水平，降低全球供应链 ESG 相关的潜在安全风险，同时带动供应链上下游企业整体绿色数据管理能力的提升，推动全价值链的可持续发展。

③ 关键技术

● 工业互联网

工业互联网能够对联想自有工厂及联想 ODM（原始设计制造商）工厂、建筑等大型设施的环境指标、供应链信息、模具使用情况，以及产品全生命周期、人员管理、安全管理、信息管理等方面的数据进行获取，提高企业治理的透明度和效率，降低管理成本和风险。

● 人工智能

人工智能能够协助联想进一步优化端到端供应链，从而达到降低产品能耗、提升效能并减少碳排放的目的。在应用人工智能的基础上，联想将进行不同应用场景下的多目标优化模拟，改造生产线路以提高资源利用效率。

● 隐私计算

隐私计算是一种安全的数据处理方式，能够在保护数据隐私的前提下进行数据共享和分析。隐私计算的应用将帮助联想在保护供应商数据隐私的前提下进行数据分析和评估，从而更好地管理和改进供应商的 ESG 表现，提高联想自身的 ESG 治理水平。

（3）融合成效

在碳减排成效方面，联想持续使用 ESG 数字化平台，引导和带动产业链上下游共同行动，合力减少碳足迹。2021—2022 财年，联想采购目录内 94% 的供应商对其温室气体排放数据进行了第三方验证，92% 的供应商有公开的温室气体减排目标，78% 的供应商跟踪并报告可再生能源的生产和购买情况，28% 的供应商加入科学碳目标倡议，联想的长期目标是 95% 的供应商能够参与科学碳减排活动。

在供应链管理方面，ESG 数字化平台基于供应链数据中台、可视化分析工具，帮助客户整合端到端数据，打造绿色供应链，提升管理效率，推进绿色发展。

在社会效益方面，以数字化为核心的技术革命，可对经济转型和低碳发展起到重要作用。ESG 数字化平台针对遍布全球各地的超过 2000 家的供应链企业，通过对数据的真实性、准确性、完整性和及时性进行管理，降低 ESG 潜在安全风险和产品出海的绿色合规成本，并通过数字技术、智能技术加速产品、企业及供应链 ESG 治理，助力我国实现"碳中和"目标。

2. 华为数字化低碳供应链管理 [6]

（1）案例简介

华为技术有限公司（以下简称"华为"）全球物流体系覆盖了 170 多个国家和地区、300 多个物流仓储节点、超过 4 万条运输线路，以及海洋运输和内河运输、航空运输、铁路运输、公路运输等全球各种运输方式。

华为供应链负责华为产品的原材料获取、生产制造、运输及派送交付给

---

6 案例来源：《数字碳中和优秀企业实践案例集 工业篇（2024 年）》。

客户，碳排放始终伴随着供应链的价值流全过程。为此，华为设计了基于实物流的碳核算架构以开展碳足迹管理。结合华为供应链数字化转型的实践，提出了供应链"绿数成赢"（Green Digital Win-Win）的低碳供应链理念。供应链数字化转型与绿色低碳是供应链业务的一体两面。企业供应链在开展数字化转型的同时，也通过提升效率、降低成本实现了碳减排，以绿色低碳目标为牵引的供应链数字化如图 5-3 所示。

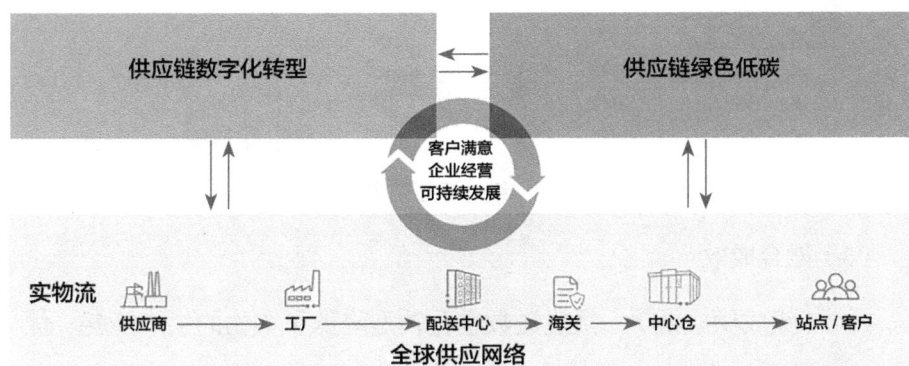

来源：华为技术有限公司

图 5-3　以绿色低碳目标为牵引的供应链数字化

（2）技术应用

为了给供应商减碳提供便利，华为通过分析供应商的送货路径，针对140 多个电子制造服务商（EMS）和联合设计制造商（JDM）等生产伙伴的货物往返节点，精确规划送货路径，优化华为货物接收节点，减少货物运输车次及货物运输里程。供应链通过生产指令驱动高效制造和实物流转，生产指令的精准性会直接影响用电能耗和碳排放。结合人工智能算法进行指令均衡性管理，对关联性数据进行分析发现，每提升 1% 的生产均衡性，降低约1.2% 的能耗。

经过体系化标签设计、数字化标签内容设计，将二维码和条码纳入必要标签，用户采用扫码调用标签信息的方式获取关键内容，将更多信息存储在华为云的专用数据模块中，从而减少实物标签粘贴，纸件标签信息上云如图 5-4 所示。

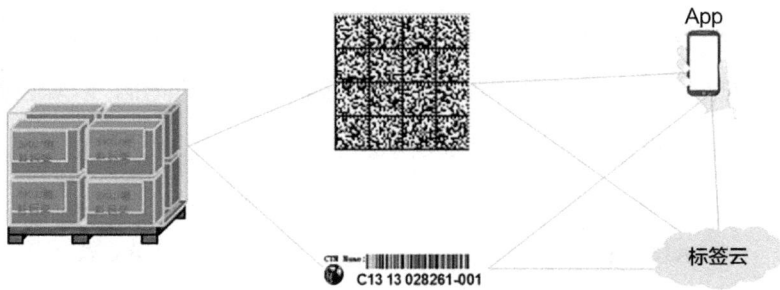

来源：华为技术有限公司

图 5-4　纸件标签信息上云

（3）融合成效

ISC（集成供应链）+ 供应链数字化转型降低了实物的生产能耗、优化了运输路径、减少了资源消耗，提升了原材料直送到工厂的占比，减少了运输里程及原材料储存仓库面积，折合减少碳排放量 34.5 吨。同时，数字化业务过程的无纸化为华为和华为合作伙伴节省了大量的纸张，减少了树木砍伐。据核算，该优化举措每年可帮助华为节约包装、包材纸张约 9995 万张，每年减少碳排放量约 330 吨。

5.1.3　能源领域典型企业的数字化与绿色化融合案例

1. 青海电力携手华为部署新能源数据中心 [7]

（1）案例简介

青海大数据产业基地致力于打造承接全省、辐射全国、贯通中亚和南

7　案例来源：《ICT 产业碳达峰碳中和白皮书（2022 年）》，有修改。

亚的大数据产业集聚区，推动我国东西部地区与"一带一路"沿线各国之间实现数字红利共享，带动青海省产业结构的转型升级和社会经济的跨越式发展。同时希望充分发挥本地风电、光伏、水电等新能源优势，推动绿色发电、持续并网，保障电网安全稳定运行。为了满足日益增大的新能源消纳需求，高效灵活的多能互补供应系统被研发出来，通过其所具备的大数据分析和人工智能能力实现能源供给与能源消费的提前预测、预警及协调。华为数字能源作为一家数字能源产品与解决方案提供商，在青海绿电价值实现方面，将采用数字技术、智能技术，建设"全数字化清洁能源基地"，助力绿电的高效生产；华为数字能源持续进行技术创新，发展构网型储能技术，助力绿电的接入与消纳。数字技术就是"比特"，电力电子、电网技术就是"瓦特"，我们通过"比特"感知"瓦特"、通过"比特"管理"瓦特"、通过"比特"增值"瓦特"，来实现数字技术与电力电子技术的融合、信息流与能量流的融合，通过技术革命来推动能源革命的实现。

（2）技术应用

① 采用数字技术、智能技术，建设"全数字化清洁能源基地"，助力绿电的高效生产

建设"全数字化清洁能源基地"。清洁能源基地核心是要解决电站安全、高效生产与管理问题，基于华为的数字技术和业务实践，华为数字能源在行业内首次提出了"四梁八柱"的"全数字化清洁能源基地"框架体系，四梁即"生产、安全、运营、运维"，是"全数字化清洁能源基地"生产的核心业务，八柱即8个方面的支撑体系，包括"发电优化、并网优化；技术安全、综合安防；运营指标、智能分析；运维管理、智能作业"等。基于上述框架体系的基地全数字化解决方案与产品平台已经应用到几个大型清洁能源基地中。

不断进行技术创新，通过采用创新的数字技术、智能技术来助力绿电的生产、传输、调度与使用。一个清洁能源基地规模非常大，如位于青海共和县的 2.2GW 太阳能光伏发电站年发电量 40 亿 kW·h，相当于我国 200 万个家庭的年用电量，这个发电站总占地面积达 56 平方千米，共安装了 700 万块光伏组件。传统的光伏组件（太阳能电池板）只是一个光电转换设备，没有传感器，所以当一个大型地面发电站建成后，并不知道使用海量光伏组件的好坏，发电量有多少只能听天由命。华为数字能源和国家电力投资集团黄河上游水电开发有限责任公司一起进行联合创新，发明了"组件智能 IV 扫描技术"，将智能组串式逆变器变成一台测试仪器，15 分钟内就可以将发电站所有的光伏组件检测一遍，通过云、大数据和人工智能等技术实现对十几种光伏组件故障的准确识别，并可以通过无人机和热成像技术，实现对故障组件的精确定位，将光伏电站瞬间实现数字化，大大提高了运维与检修效率，用技术手段助力光伏电站实现"无人值班、少人值守"。

光伏发电、风力发电受天气影响较大，具有间歇性、波动性的特点，大型清洁能源基地的功率预测显得越来越重要，华为数字能源采用人工智能大模型技术提升大型清洁能源基地天气预测的准确度，以提升功率预测的准确度和效率，使"风光水火储"多品种电源更好地融合、更智能地调度，助力青海绿电更高效地生产、并网与传输。

② 发展构网型储能技术，助力清洁能源外送，推动清洁能源持续、健康、高质量发展

传统新能源（风电、光伏、储能等）是跟网型储能，必须依靠火电、水电等同步机组提供的稳定电网，才能够实现接入并网。随着新能源渗透率越来越高，同步机组的调节能力已出现瓶颈，新能源的接入规模受到限制。

构网型储能运行于电压源模式下，可模拟同步发电机，设定电压参考信

号，通过调节输出的有功与无功功率，控制逆变器输出的电压和频率，既可并网运行又可不依赖电网独立运行，在提升系统稳定性方面具有优势。2022年年底，华为数字能源与华润电力、中国电力科学研究院、青海电网、国家电网青海省电力公司电力科学研究院等单位一起在青海共和县建成全球首个构网型智能光储系统，并高效完成了包括180项测试用例的性能测试。测试结果显示，构网型智能光储系统具备对电网稳态和暂态工况下电压、频率的主动支撑能力，关键指标明显优于相关国家标准要求。测试结果证明了构网型智能光储系统在助力电网运行特性的改善和实现高比例新能源目标方面发挥着重要作用。

（3）融合成效

青海电力携手华为部署新能源数据中心解决方案＋大数据分析平台，建成了国内首个集数据采集、存储、服务、运营于一体的新能源大数据创新平台，支撑敏捷、高效、稳定的多能互补应用，实现连续15天100%清洁能源供应。作为全国首个100%利用清洁能源运营的大数据产业示范基地，青海省海南州大数据产业园能效提升30%以上，年节省用电量1000万kW·h，每年可减少5955吨二氧化碳的排放。

该平台可利用人工智能技术，准确预测发电波动、电网运行状态、潜在和存储资源。利用图像识别和机器学习技术可对电力系统发电量进行智能预测，实现天气预报智能分析，提高电网气象灾害预报水平；基于深度学习技术，可识别云测量系统中的云层特征和云系结构，预测光伏功率的快速波动，对光伏超短期功能进行预测，实现新能源的吸收能力；基于大量历史数据和实时数据，该平台通过机器学习算法提取影响新能源消耗的关键因素，通过深度学习，智能评估当前运行状态下的新能源消耗能力，识别新能源消耗风险。

2. 中兴赋能智能电网清洁低碳安全高效 [8]

（1）案例简介

电力是社会经济发展的原动力，电网作为电力传输的媒介，电网是重要的基础设施。近年来，国家发布了一系列能源电力规划政策，推动我国电力行业数字化转型。为实现"安全、可靠、绿色、高效"的总体目标，围绕智能电网发、输、配、用全环节，未来智能电网将向着清洁友好的发电、安全高效的输变电、灵活可靠的配电、多样互动的用电、智慧能源与能源互联网方向发展。在电力行业中，温室气体排放量巨大，提升新能源的消纳能力是电力行业率先实现"碳达峰碳中和"目标的有效手段。未来，风能、光伏等新能源发电将大规模接入电网，新能源发电量在全社会用电量中的占比将会大幅增长，且新能源发电呈现出部署分散的特点。特别是在配电、用电领域，将出现大量的微电网发电装置和分布式储能系统，新的电力通信架构将挑战传统电网单向控制的模式。

电力通信网作为支撑智能电网发展的重要基础设施，保证了各类电力业务的安全性、实时性、准确性和可靠性。随着智能电网的高速发展，智能电网未来将实现电力"最后一公里"通信保障，使能电力终端"全天候"态势感知，实现电网全域实时控制，实现海量新能源安全接入。这对电力通信网提出了更高的要求，特别是电力通信网的调度、保护、控制和管理迎来诸多挑战。

（2）技术应用

中兴通讯作为数字经济筑路者，以创新的 5G 云网能力，打造智能电网

8　案例来源：《ICT 产业碳达峰碳中和白皮书（2022 年）》，有修改。

整体解决方案，其总体架构如图5-5所示。

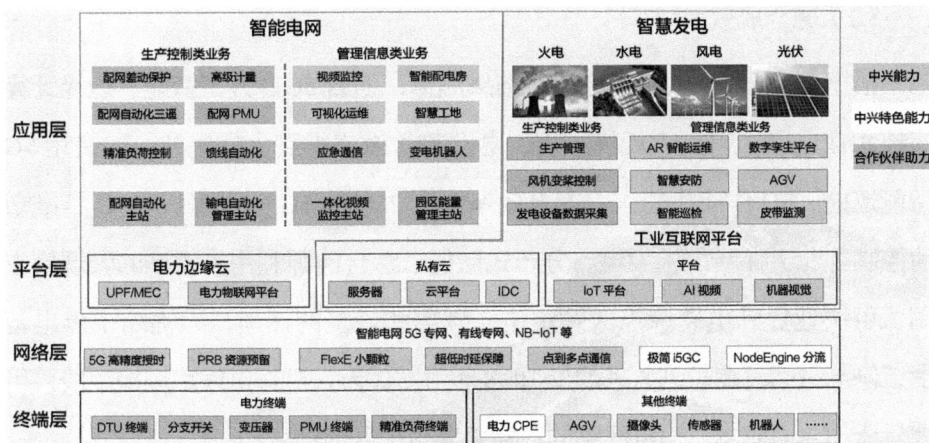

图5-5 5G智能电网解决方案总体架构

中兴通讯5G智能电网解决方案，率先实现多项关键创新。5G空口支持RB（资源块）预留+基于5QI（5G服务质量标识符）的优先级调度、服务水平协议（SLA）监测及智能优化、时延小于1μs的5G公网高精度授时、最小支持10Mbit/s带宽的FlexE小颗粒硬隔离切片、电力数据传输单元（DTU）分布式通信、电力专用用户驻地设备（CPE）等。通过5G网络的优化和配置，同时利用5G切片技术满足电网业务严格安全分区的要求，为电网提供稳定、可靠的"最后一公里"通信保障。

南方电网积极响应国家"碳达峰碳中和"行动，制订一系列方案，推动5G技术与智能电网业务融合，加快构建清洁低碳、安全高效的能源体系。从2019年开始，南方电网联合中国移动、中兴通讯在广州南沙打造国内最大的5G智能电网示范区，完成国内首个基于3GPP R16的精准授时、首个商用专用切片上线、首个5G差动保护和同步相量测量装置（PMU）正式投运。目前已率先完成51类电力全业务场景的5G网络端到端测试、30多类电力业务场景测试，覆盖电网发、输、变、配、用全环节。

（3）融合成效

根据 5G 智能电网示范区实践结果测算，随着 5G、人工智能、边缘计算等技术在电网中得到大规模应用，电网整体效率得到大幅提升，如使用 5G 智能巡检、5G 作业机器人，变电效率提升 2.7 倍；5G 差动保护、5G 精准负荷控制等业务在新能源发电、分布式储能、综合能源利用等领域的大规模应用，可快速提升电网单点故障定位、隔离和恢复的速率，大幅缩小停电范围，停电时间可缩短到原来的 1/100；使用 5G 无人机输电线路巡检手段，可大量节约人力成本，输电线路的巡检效率可提升 80 倍。

中兴通讯通过对 5G 电力专网和电力边缘云的融合探索和实践，帮助电力客户优化电网通信结构、提升电力调节能力和新能源消纳水平、降低综合能源消耗，实现清洁能源、绿色能源发展目标。

5.2 园区数字化与绿色化融合实践

5.2.1 工业园区数字化与绿色化融合案例

1. 华为助力上海西岸建设新型绿色智慧园区 [9]

（1）案例简介

上海西岸位于黄浦江核心区段，岸线长度为 11.4 千米，腹地面积约为 9.4 平方千米，是"上海 2035"城市总体规划中承载全球城市核心功能的高品质中央活动区。这里曾是 20 世纪民族工业的发源地之一，在城市功能布局调整中逐渐成为"铁锈地带"。过去 10 年，上海西岸遵循"规划引领、文化

---

9 案例来源：《ICT 产业碳达峰碳中和白皮书（2022 年）》，有修改。

先导、生态优先、科创主导"的发展理念启动城区更新，完成了从生产型岸线到生活型岸线的华丽转变，对标全球卓越水岸，逐步打造世界级的滨水开放空间。为响应建设循环经济园区、低碳园区等政策，上海西岸在规划之初就将能源管理作为重中之重，致力于打造建设"统、管、用、服"四位一体的全球新型智慧园区典范。上海西岸与华为联合，基于统一的数字底座，打通各能源系统并融合相关数据，以数据驱动的方式，通过能效调控、精准管理、一站式智慧充电等手段，整体节能 15% 以上。

（2）技术应用

对接徐汇区城运中心"一梁四柱"智慧网格化管理平台（以下简称"城运平台"），从"大平安""大市场""大建管""大民生"等业务着手，打造集数据汇集、处理、传输于一体的数字中枢，实现城区系统联动、数据联动、全局掌控、内外联通，各项治理工作上传下达、无缝对接。按照城运平台规范要求制定统一标准，实现设备、数据、平台、接口规范化，以人工智能运营中心为核心，科学实现一图知全局、调度指挥一体化、一键辅助决策管理等功能，实现园区可视、可管、可控，为上海西岸区域数字化系统整体接入全区城运平台奠定实践基础。

智慧安防、智慧消防、智慧能源、智慧停车等多项智慧化运营管理手段，可实现徐汇滨江 9.4 平方千米内智能运营、管控的全覆盖。在滨江活力示范区，基于深度学习的计算机视觉技术创新实训应用平台的建设，旨在全面提升徐汇滨江安全等级。目前，平台已完成安装 518 路摄像机（人工智能摄像机 265 路），可以实现人群分析、单兵报警及异常部件上报、异常事件查看及处理等智慧安防功能；"智慧消防一张图"全面全域实时感知消防态势；基于大数据的"源网荷储"一体化智慧能效协同管理等。数字平台整合能够达到业务流程自治化、管理空间可视化、事件处理形态化，最终实现运营管理智慧化。

打造面向企业的赋能平台，与园区内 5000 多家文化、科技企业合作共赢。应用多元并实现统一门户构建，汇聚智慧会议服务系统、来访服务系统、采购服务系统、资源库管理系统等各类专业办公服务系统。同时，规划平台数字赋能功能，帮助企业数字化转型，优化科技创新企业集聚条件，提供精准化服务支持，探索更多数据增值及应用场景落地方案，与入驻企业共建、共治、共享智慧城区。

推出多种个人智惠服务，致力于与区域内员工、居民和游客融合共生。"AI 西岸线上服务平台"作为区域内科创服务的引擎平台，向入驻企业员工、来访人员等不同人群提供智慧停车、无感通行、访客预约等多种主动感知服务内容。"AI 西岸线上服务平台"还规划了更多基于大数据、人工智能的个性化、定制化、智慧化服务，充分展示了西岸的服务"温度"。

（3）融合成效

在能效智慧管控方面，利用人工智能算法，可以实时监测能源波动、协同需量管理和用电充储协同，低谷期储能系统从电网充电，高峰期储能系统向电网放电，最大限度地利用峰谷价差。在能效精准管控方面，实时监测能源网络 / 能耗趋势 / 能效指标 / 告警监控，人工智能算法能够预测用能负荷、储能状态和故障告警，实现负荷按需控制、耗能设备运行优化、区域多源能源协同控制，大幅提升能源利用效率并减少运维人员数量；智慧充电小站为车主和管理方提供便捷服务，车主可扫码充电并支付，实时了解车辆充电状态，充电完成后会接收到挪车提醒，智慧充电小站支持账单上云、能源数据可视化和充电桩设备监测，助力管理效率提升。此外，华为助力上海西岸集成软硬件消防联动，消防设备智能巡检，管理效率提升 60%；在线管理超

5400 个车位,多级诱导解决拥堵,停车场利用率提升 10%;打造上海新地标、AI+ 园区示范标杆。

2. 某工业园区智慧制造实践

(1)案例简介

随着全球环境问题的日益严峻,绿色生产和可持续发展已成为工业领域的核心目标。工业园区作为工业生产的集聚区,其运营模式和生产方式对环境的影响不容忽视。在此背景下,某工业园区(以下简称"该园区")作为行业领先的工业园区,积极落实"双碳"行动,致力于通过数字技术手段实现生产的绿色化,努力在节能减排和提高生产效率方面取得显著成效。

该园区的目标是通过数字化转型,优化资源利用效率,减少碳排放量和污染,实现高效、低碳、绿色的发展模式。具体而言,该园区希望通过引入先进的物联网、大数据、智能控制和可再生能源技术,全面提升生产过程的智能化和绿色化水平,达到节能减排、提高生产效率和降低生产成本的目的。最终,该园区旨在为其他工业园区提供可复制、可推广的成功案例,推动工业绿色转型。

(2)技术应用

该园区在生产设备和设施中广泛应用物联网技术,实时监控生产过程中的能源消耗和排放情况。该园区通过部署传感器网络,采集包括电能消耗、水资源消耗、气体排放等多种环境数据,并通过无线网络将数据传输至中央监控系统。物联网技术不仅能实现数据的采集,还能进行实时数据分析与反馈。通过对收集到的数据进行分析,园区管理者可以及时发现能耗高、排放多的环节,并采取相应的优化措施。例如,在发现某一生产线的能耗异常时,可以及时调整生产流程,减少不必要的能源浪费。

该园区通过建立大数据平台，对生产过程中的各类数据进行集成和分析，发现潜在的节能减排机会。大数据技术不仅能整合不同来源的数据，还能对数据进行深度挖掘，识别出隐藏的节能潜力。通过数据挖掘技术，该园区可以优化生产计划和资源调度，提高生产线的运行效率。例如，该园区通过分析历史数据和当前生产状态，预测未来的生产需求，合理安排生产计划，避免生产过剩和资源浪费。大数据分析也可用于设备预测性维护。该园区通过对设备运行数据进行分析，可提前预知设备故障和异常情况，缩短设备停机时间和降低设备维护成本。例如，某些关键设备在发生故障前会有一定的预兆，如振动频率变化、温度异常等，分析这些数据可以提前进行设备维护，避免生产中断。

该园区采用智能控制系统，实现生产过程的自动化和智能化管理。该系统通过引入人工智能算法，动态调整生产参数，确保生产过程中设备始终处于最佳运行状态。例如，在生产过程中，该系统可以根据实时数据自动调整温度、压力、流量等参数，确保生产效率和产品质量。该系统实时监控设备的运行状态，自动进行故障诊断和处理。通过引入机器学习算法，该系统可以识别设备运行中的异常情况，并采取相应的处理措施。例如，在发现设备运行异常时，该系统可以自动调整生产参数或停机检查，避免更大的损失。通过对生产过程中的能源使用情况进行实时监控和分析，该系统可以识别出能源使用的低效环节，并提出相应的优化建议。例如，通过分析能耗数据，该系统可以识别出某些设备在非生产时段仍在耗电，并自动关闭这些设备。

该园区大力推广可再生能源的使用，如太阳能、风能等，用于替代传统的化石能源。该园区通过建设分布式能源系统，实现能源的本地化生产和利用，减少对外部能源的依赖。例如，该园区内安装了大面积的太阳能光伏板，将太阳能转化为电能，为生产提供清洁能源。此外，该园区内还建设了能源管理系统，优化可再生能源的使用和调度，提高能源的利用效率。通过对不同能源来源进行综合管理，系统可以根据实际需求合理调度能源，确保能源的高效利用。例如，在太阳能发电量较高时，系统可以优先使用太阳能供电；在夜间或阴天时，则切换到风能供电或储能设备供电。为提高能源利用的稳定性和可靠性，该园区还引入了先进的储能技术。通过利用储能设备，该园区可以在可再生能源供过于求时储存多余的能源，在能源短缺时进行能源释放，确保能源供应的连续性和稳定性。例如，利用电池储能技术，将白天的太阳能储存起来，在夜间或阴天时使用。

（3）融合成效

通过实施上述数字技术和绿色化措施，该园区在节能减排方面取得了显著成效。首先，该园区能源消耗和碳排放显著降低。通过物联网和智能控制系统的应用，该园区内的能源利用效率提高了30%以上。同时，通过大数据分析和生产计划优化，该园区生产过程中的能源浪费大幅减少。整体来看，该园区的碳排放量减少了20%以上，有效降低了对环境的影响。其次，生产效率大幅提升。通过智能控制系统和预测性维护技术的应用，设备故障率明显下降，生产停机时间大幅缩短。数据显示，设备故障率下降了20%，生产效率提高了25%。此外，通过优化生产计划和资源调度，生产线的运行效率显著提高，生产成本降低了15%。

5.2.2　物流园区数字化与绿色化融合案例

1. 某园区数字孪生智慧物流仓

（1）案例简介

某智慧物流仓项目是某快递集团在智慧物流领域的一个重要创新项目。

该项目旨在通过利用数字孪生技术，将物理仓库与其数字孪生模型紧密结合，实现仓储运营的全面数字化、智能化和高效化。该项目的主要目标是提升仓储物流的管理水平、优化资源配置、降低运营成本，并提升客户服务质量。

在当今快速发展的电商和物流行业中，仓储管理面临着日益复杂的挑战。该智慧物流仓项目通过引入数字孪生技术，将传统的仓储管理模式升级为基于数据驱动的智能化仓储管理模式。通过实时监控、精准预测和自动化调度，该项目实现了仓储运营的全方位优化，成为现代物流仓储领域的标杆。

（2）技术应用

数字孪生技术是该项目的核心。通过建立仓库的数字孪生模型，项目能够实时监控和模拟仓库中的各种操作和流程。数字孪生模型不仅包括物理空间的三维映射，还涵盖了仓库内部所有物品的位置信息、流动状态和设备运行情况。数字孪生技术的应用使仓储管理人员能够在虚拟环境中进行操作优化、故障预测和资源配置，从而提升仓储的效率和安全性。

物联网技术在该智慧物流仓中发挥了至关重要的作用。通过在仓库内部部署大量传感器和智能设备，该项目实现了对仓库环境、设备状态和物流作业流程的全面监控。传感器采集的数据通过边缘计算技术进行实时处理，确保了数据的高效传输和及时响应。例如，温湿度传感器能够监控仓库内的环境变化，从而保证易腐商品的质量；设备监控传感器能够提前发现设备故障，避免影响仓储运营。

人工智能算法和大数据分析技术在该智慧物流仓中用于优化仓储运营和提供决策支持。通过对历史数据和实时数据的分析，人工智能算法可以为仓储管理人员提供预测性分析和优化建议。例如，基于商品流动数据，人工智能算法可以预测未来某段时间内的库存需求，从而优化库存管理；基于设备运行数据，人工智能算法可以预测设备的故障风险，提前安排设备维护。大数据分析还可以帮助仓库管理人员发现运营中的瓶颈和潜在的效率提升点。

自动化物流设备和机器人是智慧仓储的重要组成部分。该项目引入了AGV、自动分拣系统和智能机器人等设备，以提高仓储作业的自动化程度。AGV可以在仓库中自主导航，将商品从储位运送到指定位置；自动分拣系统能够快速准确地对商品进行分类和打包；智能机器人则可以完成货物的搬运、装卸等繁重工作，人力成本得以降低，作业效率得到提高。

（3）融合成效

通过数字孪生技术和自动化设备的应用，该智慧物流仓大幅提升了仓储运营效率。仓库管理人员能够通过数字孪生模型实时监控和调度仓库资源，减少了人工操作的干预次数，降低了错误率。自动化设备的引入使仓库内货物的搬运、分拣和包装速度显著加快，仓库的整体作业效率提高了30%以上。同时，基于人工智能算法的预测性维护和优化建议缩短了设备故障和停机时间，进一步提高了仓库的运营连续性。

该智慧物流仓通过大数据分析和人工智能算法，实现了仓库资源的精细化管理和优化配置。仓库的库存管理得到了显著改善，商品的存储和流动更加合理，库存积压和商品损耗得以减少。此外，基于对物流流量的预测，仓库能够提前安排人力和设备资源，避免了高峰期的资源不足和低谷期的资源浪费，从而实现了资源的最优配置。

该智慧物流仓不仅提升了仓储运营效率，还直接改善了客户的服务体验。通过优化仓库库存管理和提高物流作业效率，可以缩短客户的订单处理时间，并提高货物的配送速度和准确性。此外，仓库的智能化监控系统能够实时追踪货物的状态和位置，客户可以通过在线平台随时查询订单进展。智能化监控系统的应用不仅提升了物流过程的透明度，还增强了客户的信任感。

该智慧物流仓还注重环境保护和可持续发展。通过智能能源管理系统，仓库实现了能耗的实时监控和优化，减少了不必要的能源浪费。自动化设备和智能调度系统的应用不仅提高了运营效率，还减少了碳排放量。仓库内部的物流线路和操作流程经过优化，大幅减少了车辆和设备的空转和无效运作，进一步减少了碳足迹。

2. 某 5G 碳中和智能物流园区

（1）案例简介

物流园区是物流的枢纽节点，是物流人员、车辆、货物、场所的中心，也是物流线路的重要锚点。从宏观来看，物流园区还兼具促进区域经济发展、完善城市功能、整合区域资源及提升产业竞争力等社会功能。《第五次全国物流园区（基地）调查报告（2018）》指出，"50% 的园区信息化及设备投资占比不足 5%"。物流信息化程度低造成物流园区人员管理粗放、场地调度效率低下、货物质量不保障、安全管理不可靠、跨环节不可视、协同效率低，引发物流企业运营成本高、物流作业效率低及物流成本高的问题，成为全行业共同关注的痛点问题。另外，随着"双碳"目标的制定，物流园区将承担物流行业绿色转型和可持续发展的重要责任。根据国家统计局的数据，2018 年，交通运输、仓储和邮政业二氧化碳排放量约为 7.7 亿吨，占我国能源消费总量和二氧化碳排放总量的比重分别为 9.2% 和 7.8%，是碳排放"大户"之一。物流园区作为物流业务集聚发展的核心，在低碳交通体系中扮演着重要角色。而无论是引入新能源微电网，还是提高能源利用效率、降低能耗，物流园区都要强化信息化、智能化建设。物流园区的信息化、智能化建设致力于推动社会物流成本降低和碳排放优化双重可持续目标实现，是实现行业数字化、绿色转型升级与可持续发展的关键"破局点"。

（2）技术应用

某 5G 碳中和智能物流园区通过统一的 5G 网络汇聚跨地理园区的智能物流机器人、视频汇聚终端、标签识别网关、AR 等现场智能设备。依托自主研制的 5G 融合物流装备、5G 运营商定制专网、5G+IoT+AI 及边缘 + 云的 PaaS+SaaS 赋能，支持园区产线、场地等的智能识别应用和机器人集群协同控制调度，机器人设备的远程运维指导，人员、车辆、能源的智能感知应用，碳中和能源管理。依托其自主研制的云边端协同的新一代智能物流信息系统，组合 5G 化自主研制的新一代智能物流装备、物流机器人，某 5G 碳中和智能物流园区可实现物流全链条的自动化、数字化和智能化升级，实现物流园区运行效率、综合服务能力的大幅提升。

月台是物流园区重要的场地资源，该物流园区数字月台借助边缘计算技术，智能化赋能存量物流园区摄像机，实现了对月台使用情况、月台车辆状态信息的识别监控。基于物流园区地图、月台相机，实现月台车辆停靠的可视化、数字化管理。基于边缘计算的数字月台解决方案相较于采用了高端算法摄像头的解决方案，至少降低了 30% 的实施成本，大幅度减少了向云端上传的数据量，减轻了网络带宽压力，降低了网络传输产生的成本，提高了结果信息的反馈速度。进一步地，该物流园区依托自身的运营数据，限定月台算法识别结果，进一步提升了物流园区内车辆资源、月台资源识别的准确率，降低了算力成本。

该物流园区碳中和管理综合利用智能物流关键技术，采用能源结构升级、效能持续优化、设施集聚共享、资源循环利用等手段，打造物流园区"碳中和"解决方案，推动园区向绿色化、数字化、精细化、全量化管理的方向发展，实现物流园区碳资产管理与全景展示，助力物流园区的高效与绿色、可持续发展。物流园区碳中和管理平台分为数据层、平台层和可视化端。数据层将基于碳排放范围一、范围二和范围三，借助物联网、区块链、大数据等技术，实现物流园区运营数据、物业能耗数据、环境数据、人员活动数据、车辆排放数据和生产排放数据的安全采集与计算，提供真实可靠的碳排放数据，完成园区国际标准碳计算。平台层将根据国际碳计算标准，通过机器计算进行碳数据分析、监测和碳资产管理。同时基于数据分析结果进行绩效评估，有效生成碳管理指标。同时平台层还根据项目碳中和路径，预测碳抵消和碳交易市场开发情况，根据碳交易市场开发情况实现数字化功能对接。可视化端根据计算后的碳数据进行可视化展示，包括碳全景展示、碳分项展示、碳目标展示、碳减排措施展示等。该物流园区通过可视化碳达峰碳中和的数据预测，能够从管理、数据分析、规划等方面展现园区在实现"双碳"目标方面的工作现状和未来发展情况。

（3）融合成效

该物流园区基于多种数字化手段，可以解决资源数字化、监控智能化、仓储自动化、远程协同运维、碳中和能源管理等多个场景下的不同问题。该物流园区利用计算机视觉技术，降低了分拣线拥堵造成的物流损失和缩短了产线拥堵后停产疏导所消耗的时间，年节约成本约4000万元。自动化仓储系统优化了人力资源配置、提升了效率，年节约成本达8500万元左右。基于5G专网和边缘计算可实现的主动式监控预防系统，每年可减少损失5000

万元。该物流园区整体通过系统优化管理，降低成本约 1000 万元；通过碳中和能源管理，可以减少 15% ～ 20% 的能源开支。

5.3 城市数字化与绿色化融合实践

5.3.1 雄安新区——云上之城 [10]

1. 案例概述

雄安新区是国家数字经济创新发展试验区。其按照"世界眼光、国际标准、中国特色、高点定位"要求，坚持数字城市与现实城市同步规划、同步建设，适度超前布局智能基础设施，推动全域智能化应用服务实时可控，使其逐步成为具有深度学习能力、全球领先的数字城市。数据要素正发挥着放大、叠加和倍增效应。雄安新区利用综合数据平台从源头打破数据孤岛和壁垒，实现了全域数据的融合汇聚、共享共用。目前，雄安新区已汇聚政务、城市运行等各类数据近 270 亿条，一个新型数字基座正在为这座未来之城的建设赋能蓄势，云端的"数字雄安"也在同生共长。

2. 技术应用

雄安新区已构建全域覆盖的智能感知体系，实现新建区域实时可视、运行状态精准感知；打造安全可控算力基础设施，为城市建设和发展提供算法协同、算力协同、云网一体、自主可控的"城市级"计算能力；适度超前布局通信基础网络，保障数据高效、准确传输；搭建"生长即汇聚"的城市综合数据平台，实现全域数据高质量融合汇聚；建设具有自我学习、自我完善能力的"城市大脑"，为数据应用方提供智能决策、辅助设计、安全服务等

---

10 案例来源：澎湃新闻，有改动。

功能；谋划建设雄安新区数据交易服务平台，推动数据流通交易，有效支撑数据要素市场各类资源的高效配置。

数字电网点亮"未来之城"，雄安新区探索"物理城市＋数字城市"共建模式，坚持数字城市与现实城市同步规划、同步建设。雄安新区从"一张白纸"开始打造全球领先的数字城市，"数字雄安"已融入市民生活的方方面面。雄安新区剧村"1+5+X"城市智慧能源融合站（以下简称"剧村融合站"）是承接张北风电、光伏发电进入雄安新区的枢纽变电站，为容东片区 12.7 平方千米、7.57 万户民众提供高可靠性、绿色供电保障。剧村融合站将"张北的风点亮雄安的灯"变为现实。智慧电力系统让送入雄安新区的每一度电都是"绿色"的，每一度电送到雄安新区后都被高效利用。位于绿色功能区的碳管理服务中心建设了河北省首个"双碳"监测平台。该平台集实践、监测、科普于一体，通过电力大数据折算碳排放量，对河北所有的区市和雄安新区碳排放、碳减排、碳汇进行实时监测分析，为河北省能源转型、绿色发展提供精准量化的数据支撑。此外，剧村融合站将 220kV 变电站与智慧充电站、光伏电站、5G 基站等多种功能设施，以及综合能源及智慧服务融合建设。基于新一代智能设备监控系统和数字孪生技术，剧村融合站实现 300 余台元件级数字孪生建模、12 类 1.1 万多个设备的数据接入，可以将物理电网以数字化形式映射到虚拟空间中，还能依托设备历史数据、运行数据自动预测设备状况的未来发展趋势。在数字技术的支撑下，用户端也能享受到一流的用电体验。"电—碳计算模型""电—能分析模型"为企业、居民客户提供绿色用能建议，提高了能源利用效率。剧村融合站还实现了在北斗、5G、边缘计算、数字货币等方面的创新应用。

以数字货币为例，在剧村融合站的智慧停车充电区，一辆新能源汽车停下后，搬运机器人将汽车移动到合适位置后，机器人将充电枪接入汽车充电口，即刻开始为汽车充电。这是国内首座兆瓦级站网互动充电站，还是全国首个实现"自动泊车＋自动充电"全过程无人化的充电站。此外，这里还实现了数字人民币充电桩的首次应用，当车辆完成充电后，充电桩能自动读取车主数字钱包信息并完成扣费。

雄安新区以城市计算中心为城市数据基座，在此基础上延伸出各类城市智慧化管理应用成果，如智慧工地、智能物业、智慧社区等。依托"一中心、四平台"，数字技术领域的创新应用场景层出不穷，贯穿了雄安新区城市交通、政务服务、生活等方方面面。以雄安新区城市计算中心的"多表集抄"系统为例，通过该系统的"住户用能指标分析"功能，居民的用水、用电、用气实时数据能够得到采集，系统据此分析住户的入住状态。在获得许可的情况下，假若出现独居老人在家出现长时间未用水的情况，系统能自动预警，提示社区工作人员查看老人的实际情况。

交通方面，在"数字道路智能运营中心"平台上，雄安新区道路的车流量、拥堵指数、路段平均速度等数据均可得到实时显示。如果发生交通拥堵，交通管理部门能够及时得知情况，从而快速前往拥堵路段并疏通。在政务服务方面，区块链技术正发挥着日益重要的作用。作为近年来兴起的一种新型技术，区块链具有不可伪造、不易篡改、可追溯等特点。通过这一技术，雄安新区公共服务局、建设和交通管理局、税务局被串联到"一张网"上，缴费人由传统的行政许可、费用核定、费用征收 3 个部门"三进三出"变为"一进一出"，仅 1 个工作日即可办结。根据规划，到 2035 年，大数据在雄安新区城市治理中的贡献率至少达到 90%，基础设施智能化水平也至少达到 90%。数字技术正让雄安新区变得越来越"聪明"，一座"数字之城"正在云端上悄然建成。

3. 融合成效

雄安新区作为"云上之城"，是我国智慧城市建设的创新典范。通过物联网、云计算、大数据、人工智能、区块链和5G等数字技术的综合应用，雄安新区实现了城市规划、建设和管理的智能化、精细化。雄安新区利用数字技术进行城市规划设计，实现了城市规划的可视化、模拟化和优化，提高了城市规划的科学性和合理性。通过物联网和大数据技术的应用，雄安新区实现了对基础设施建设的智能监控和管理，确保了工程质量和安全。雄安新区利用智能交通系统，实现了交通流量的实时监控和优化调度，有效缓解了交通拥堵。通过智能电网和能源管理系统的应用，雄安新区实现了能源的高效利用和节能减排。雄安新区通过建立统一的服务平台，为居民提供了便捷的公共服务，包括医疗卫生服务、教育服务、文化体育服务等。

5.3.2 智慧丽江城市大脑指挥中心 [11]

1. 案例概述

丽江，这座位于我国云南省的历史名城，以其独特的自然风光和丰富的民族文化闻名于世。随着城市化进程的加速，传统的城市管理模式逐渐暴露出种种不足，如交通拥堵、资源分配不均、环境污染严重等问题日益突出。随着信息技术的飞速发展，丽江市政府积极拥抱智慧城市建设，以"智慧丽江城市大脑指挥中心"为核心，"智慧丽江城市大脑指挥中心"依托"1+1+4+N"（1网、1云、4中台、N应用）总体框架的顶层设计和云计算、大数据、人工智能、5G、区块链等底层系统建设，结合可视化数字孪生技术，推动城市管理现代化，提升城市服务水平，增强城市综合竞争力。"智

---

11 案例来源：《数字孪生城市优秀案例汇编（2021年）》，有改动。

慧丽江城市大脑指挥中心"围绕党建政务、文化旅游、社会治理、生态环保、公共服务五大领域，打造数字化界面、实现资源共享，让人们通过该界面触摸丽江的脉搏、感受丽江的温度、享受丽江的服务，推动丽江数字经济的发展、完善丽江的社会治理，提升丽江市政府的公共服务能力和水平。

2. 技术应用

"智慧丽江城市大脑指挥中心"汇集了公安、旅游、城管、环保等单位的接口和数据，实现了多部门数据资源共享。同时基于人工智能赋能和多维度数据可视化分析，"智慧丽江城市大脑指挥中心"对丽江党建政务、文化旅游、社会治理、生态环保、公共服务五大领域的运行态势进行实时监测和综合研判。"智慧丽江城市大脑指挥中心"提供人工智能中台、数据中台、感知中台、交互中台四大中台底座，充分利用人工智能、大数据等技术优势和智慧城市落地经验，建设"智慧丽江城市大脑指挥中心"大屏，以3D数字孪生技术为丽江城市治理提供了"一屏观全市"的可视化统一管理平台，大屏可对城市事件进行智能感知、对社会治理全流程赋能。大屏对城市街道、建筑物、机动目标、水体、大规模植被、海量设施部件、地形地貌、天空、白天/夜晚环境效果等进行全面、真实地复现，为用户构建了数字世界里的"孪生"丽江。"智慧丽江城市大脑指挥中心"从"人、车、地、事、物、情"多个维度对各类管理要素进行分类管理，大屏显示页面同步响应各项操作结果，信息清晰可辨。以"目标查看"为例，"智慧丽江城市大脑指挥中心"支持特定目标的详细信息查询。用户点击单体数据对象，大屏显示端会自动选中、定位并显示与该对象关联的相关信息。如用户点击"突发事件"，大屏会自动定位并关联显示该事件的详细信息，同时智能地选择事发地附近视频监控画面及警力资源，便于管理者掌握事件发展状态，进行判定分析和指挥处置。同样，用户还可通过大屏对具体摄像头、人员、车辆等管理要素的详细信息进行查询，便于用户精确地掌握单体目标实时状态。

以"城市治理"专题为例，"智慧丽江城市大脑指挥中心"大屏一体化地展现了智慧城管、城市交管、综治维稳、数字小镇、网络舆情等六大领域的丽江城市管理数据。无论是城市动态时空数据、地图数据，还是物联感知数据、互联网数据等，均可一屏感知。

"智慧路灯"能够根据天气、环境等因素智能调节路灯亮度，实现智能自检自查，发现故障自动定位报警，其具有视频监控、环境监测、应急广播功能。如果街道上出现垃圾暴露情况，摄像头会自动识别分析，并将事项下派至相关人员处置，工作人员及时进行现场处置，并将现场处置结果反馈给"智慧丽江城市大脑指挥中心"。至此，街面垃圾暴露情况从识别上报到处置结案，在系统上形成了一个闭环。"智慧丽江城市大脑指挥中心"不仅能够智慧调节路灯和识别街面垃圾暴露情况，还能对街面违规经营、机动车违规停放、安保区域人员异常行为等12类城市事件进行智能识别、预警、上报，赋能城市监管从"被动服务""事后处置""全靠人力"转变为"主动发现""事前预警""人工智能自动化管理"。这不仅提高了城市的管理处置效率、节约了成本，还全面优化了城市环境、提升了城市文明程度。与此同时，"智慧丽江城市大脑指挥中心"的人工智能数据分析功能，可基于历史事件及事件处置数据，对多个事件主题进行多维度分析，为丽江科学决策、精准管理提供抓手。

在文旅发展方面，丽江在全国首次运用百度搜索洞察数据、实时人口定位数据、全域交通感知数据，实现了文旅场景的全面分析，帮助精准营销、提高游客服务质量、增强运营能力。丽江重点打造人工智能管理能力，重点打击低价游的强制购物行为，未来还将实时监管导游言论，做好舆情监测管理。同时,"智慧丽江城市大脑指挥中心"赋能文化旅游,打造智慧景区一体化旅游运营平台,提升文化旅游服务的管理水平。游客通过手机即可体验智慧旅游带来的便利,实现网上订票、订酒店、投诉、退赔、反馈等贴心服务;管理人员通过平台实现对丽江市旅游经济运行情况的分析、监管,让旅游管理从"全靠人力"转变为"人工智能自动化管理",从"事后处置"转变为"事前预防",让游客感受到"政府监管无处不在,旅游体验自由自在"。

"智慧丽江城市大脑指挥中心"将城市管理需求与信息、技术、前端感知设备进行充分整合,以人工智能模型、算法为引擎,赋能用户业务应用,实现事件自动感知、智能分析、自动分类、自主报警等功能。"智慧丽江城市大脑指挥中心"通过对城区街道车流、停车场车位、交通事故等数据的分析,辅助交通管理部门掌控城区交通微循环综合治理态势,丽江市民可通过城区 9 块道路智能引导屏,了解道路拥堵及停车场车位剩余情况,从而选择更加畅通的道路,缓解交通拥堵压力。丽江市人民医院已建成、使用智能药柜和移动护理平台,实现了对药品及病人的精细化管理,并开始试运行互联网医院,互联网医院可实现智能导诊、线上报告查询、线上就诊等功能。丽江税务系统已建设第一家古城 5A 级景区内的自助办税服务网点,全面开展区块链电子发票推广应用工作,打造稳定、安全、便捷的"税务云平台",探索"税务链"建设工作,实现税企直联、减负增效,同时不断扩大"非接触式"服务范围,实现企业涉税费事项网上办理、个人税费事项掌上办理。

"智慧丽江城市大脑指挥中心"作为智慧城市建设的成功案例,展示了数字技术在城市管理和服务中的重要性。通过物联网、云计算、大数据和人工智能等技术的综合应用,"智慧丽江城市大脑指挥中心"不仅提升了城市管理的智能化水平,还为居民和游客提供了更加便捷、高效的服务。随着技术的不断进步和技术应用的深化，"智慧丽江城市大脑指挥中心"将继续推动丽江市向更加智能、绿色、人文的方向发展。

3. 融合成效

通过"智慧丽江城市大脑指挥中心"的数据整合与分析功能，丽江市政府能够实时掌握城市的运行状态，及时发现问题并采取措施，使得城市管理效率大幅提升。例如，在交通管理方面，通过智能信号灯控制和交通流量调度优化，有效解决了交通拥堵问题；在环保方面，通过实时监测和数据分析，能够及时发现环境污染问题并进行整改。"智慧丽江城市大脑指挥中心"推动了公共服务的智能化和便捷化，公共服务水平显著提高。例如，智慧医疗系统使居民能够在线预约挂号、查询健康档案等；智慧教育系统提供了丰富的在线教育资源和学习工具；智慧旅游服务则为游客提供了更加个性化和便捷的旅游体验。这些措施大大提升了公共服务的质量和效率。

第六篇

展望篇

6

第6章
数字化与绿色化融合发展的未来展望

当前，数字技术已与能源、工业、建筑、交通等领域不断融合，在节能降碳方面取得了一定成效。随着"双碳"工作的持续推进，经济社会将发生绿色低碳的系统性变革，数字技术的成熟和推广为经济社会的绿色低碳变革开辟了新路径，提供了强支撑。

未来，随着技术的不断进步，数字技术将充分与各领域"双碳"工作深度融合，为能源、工业、交通、建筑、城市等领域提供更智能、更低碳、更精准、更高效的赋能方案，数字化与绿色化融合发展的成效将会进一步显现，推动产业结构全面升级，助力我国从"能耗"双控平稳过渡到"碳排放"双控，推动经济社会发展与碳排放逐渐脱钩。

6.1 数字化与绿色化融合发展的未来趋势

推动数字化与绿色化融合发展，要紧紧抓住当前的历史新机遇，打造开创性的、万物互联时代的碳减排优势。在数字化与绿色化融合发展的过程中，要全面适应经济社会变革，打造智能减碳、管碳新范式，提升产品的个性化程度，提高方案的可操作性和可落地性。要统筹考虑社会发展需求，形成以人为中心的智能化的低碳赋能解决方案与服务体系，服务于绿色智慧的数字生态文明建设，使人与自然和谐共生。

6.1.1 赋能减碳的巨大潜力

数字技术的快速发展为我国绿色低碳转型提供了新路径，使能源、工业、建筑、交通等领域的节能降碳取得显著成效。随着工业互联网、人形机器人等新一代信息技术的成熟应用出现，数字技术对"双碳"目标实现的赋能作用将会进一步加强，成为有效应对气候变化和拉动经济发展的重要技术支撑。

1. 技术应用更加广泛，数字技术赋能碳减排潜力将逐渐显现

一方面，在数字化与绿色化融合发展的过程中，随着技术的不断成熟和成本的降低，技术应用的普惠性将逐渐显现，先进技术的应用不再局限于大型企业或机构，而是惠及更多中小企业甚至是小团队。这种普惠性的显现得益于多方面因素。首先，随着云计算、SaaS等新型技术模式的兴起，企业无须再投入大量资金购买硬件设备与软件系统，只需按需付费即可享受先进技术的服务。这大大降低了技术应用的门槛与成本。其次，随着开源社区与开放平台的不断发展壮大，越来越多的优秀技术资源与解决方案得以共享与复用。这为中小企业甚至是小团队提供了便捷的技术获取途径与强大的技术支持力量，将极大地促进整个社会的数字化与绿色化融合发展进程，推动各行各业的转型升级与可持续发展。

另一方面，数字化与绿色化融合发展正逐步从新兴领域向传统行业渗透与扩展。传统行业如能源行业、工业、农业等在过去往往依赖于传统的生产方式与运营模式。然而，在数字化与绿色化融合发展的大背景下，传统行业也开始积极探索转型升级之路。传统行业通过引入数字技术实现生产过程的智能化改造与绿色化升级；通过构建数字化平台实现产业链上下游的协同合作与资源共享；通过应用大数据分析技术实现市场需求的精准预测与产品创新的快速响应……这些举措不仅提高了传统行业的生产效率与增强了传统行业的竞争力，还促进了其绿色低碳发展。根据相关研究成果，未来10年内，

现有的数字技术通过能源管控、生产过程自动化控制、副产物的回收利用、系统集成控制四大方面的应用，将分别助力钢铁、石化化工、建材三大重点流程制造业减少5%～20%、6%～16%、3%～9%的碳排放量。未来，随着各种数字技术的快速迭代、新型数字技术的涌现及更多应用场景的落地实施，数字技术赋能钢铁、石化化工、建材三大高载能流程制造业碳减排的潜力可能会更大。此外，与流程制造业相比，数字技术在离散制造业中更容易实施，应用场景更丰富多样，从而更能彰显数字技术赋能碳减排的积极作用。流程制造业的工艺机理决定了流程制造业低碳转型难度更高，因此，数字技术赋能流程制造业、离散制造业碳减排的潜力不同，数字技术赋能流程制造业碳减排的潜力低于数字技术赋能离散制造业碳减排的潜力，尤其是能源消耗以电力为主的装配制造业，数字技术赋能碳减排的潜力可能更大。随着数字化与绿色化融合发展的不断深入与拓展，传统行业将焕发出新的生机与活力，为推动经济社会的全面转型升级与可持续发展作出更大贡献。

2. 信息通信业将稳步推进行业自身的碳减排

数字化与绿色化的深度融合，会给信息通信业的能源需求和碳减排带来更大压力。人工智能大模型、超大型智算中心、5G基站等新型信息基础设施规模快速扩张，其能耗增加问题越来越显著。在"双碳"目标下，信息通信业自身的能耗问题不容忽视，迫切需要走绿色低碳发展之路，实现数字经济与绿色经济的协同发展。

从短期来看，信息通信业的能耗和碳排放量还将继续增加。随着数字技术充分融入经济社会各领域，信息通信业规模扩张，数字基建的耗电量和碳排放量将会在短期内持续增长，给信息通信业可持续发展带来更大的挑战。

中国工程院院士吴锋预测，2026 年三大运营商全部升级 5G 后，电力消耗将达到全国总用电量的 2.1%。信息通信业的能源消费类型主要为电力，因此，需要提升信息通信业绿色用能水平，统筹规划电力与数据中心、超算中心等基础设施布局。

从中长期来看，信息通信业的能耗还将持续增长，但其碳排放量将呈下降趋势。虽然数据中心、5G 基站等基础设施规模快速扩张带来了能耗的增加，但随着信息通信业绿色用能水平的提升和节能降碳技术的创新，加之我国能源结构正在向以非化石能源为主的结构方向调整，我国能源结构的绿色转型和新型电力系统的建设，总体上能够满足信息通信业高速增长的用电需求，信息通信业的碳排放量将显著减少。根据阿里云的相关数据，GPU 算力作为人工智能大模型等数字技术的关键支撑，其功耗远低于我国新能源装机容量的增长。预计 2030 年全国 GPU 算力集群功耗约为 35GW，远低于我国新能源装机容量。

6.1.2　技术创新的无限可能

如今，技术创新如同一股不可阻挡的洪流，为社会经济发展开辟新的途径，在推动数字化与绿色化融合发展的进程中展现出无限可能。

1. 人工智能技术的飞速发展为绿色化进程注入了强大的智能动力

人工智能技术的飞速发展，如同一股强劲的智能浪潮，为绿色化进程注入了前所未有的强大动力。面对可再生能源的间歇性和不确定性，人工智能通过大数据分析和机器学习算法，能够精准预测太阳能、风能等可再生能源的产出，为电网调度提供科学依据，有效缓解能源供需矛盾。同时，在智能电网管理中，人工智能的引入使能源系统能够实现自我感知、自我决策和自我优化，大大提高了能源利用效率和系统稳定性。通过算法优化，智能建筑管理系统能够根据室内环境和设备使用情况自动调节空调、照明等设备，实现节能减排。此外，人工智能技术正逐步渗透环境保护、绿色产品设计与制造、绿色供应链管理、节能减排等多个环节，通过智能化、自动化的手段，降低了资源消耗，减少了环境污染，加速了各行各业的绿色转型。

2. 作为下一代计算技术的代表，量子计算在绿色计算领域的应用前景令人瞩目

面对日益复杂的环境问题和能源挑战，传统计算机在解决大规模优化问题、加速绿色技术研发等方面显得越来越力不从心。而量子计算以其独特的量子比特信息单位和量子并行性等特点，能够在极短的时间内完成传统计算机无法完成的任务。在绿色计算领域，量子计算可以加速新材料的发现，推动清洁能源技术的创新突破。同时，通过优化算法设计，量子计算还能显著降低计算能耗，为绿色化进程贡献重要力量。随着量子计算技术的不断成熟和商业化应用的推进，其将在绿色计算领域发挥着越来越重要的作用，引领社会走向一个更加绿色、智能的未来。

3. 数字孪生技术将塑造绿色设计与生产的低碳未来图景

在绿色设计方面，数字孪生技术能够帮助设计师快速构建虚拟产品原型，并在产品设计阶段就充分考虑产品的能效、环境影响等因素，对产品能效、环境影响、产品性能等进行全面的仿真测试和优化，从而设计出更加环保、节能的产品，大大缩短了产品从设计到量产的周期。通过能效模拟和环境影响评估等手段，利用数字孪生技术能够提前发现并解决潜在的环境问题，确保产品在整个生命周期内都能保持较低的环境负荷。此外，数字孪生技术还能在产品的制造和运维阶段发挥重要作用。通过构建虚拟生产线模拟

生产过程，在实际投产前就可以识别潜在节能降碳环节，提前优化设备和工艺流程，在运维过程中可进行故障诊断和修复方案测试。这不仅可以提高生产运维效率，还能节约初期投资成本。这首虚拟与现实的绿色交响曲不仅提升了产品的绿色属性，还推动了制造业的绿色化转型。

4. 多技术融合编织智慧绿色梦想

随着人工智能、区块链、量子计算、数字孪生及物联网等新兴技术的不断涌现与深度融合，人类社会正逐步迈向一个绿色、智能、可持续发展的未来。具体而言，融合技术将促进数据的全面感知、数据动态分析、智能决策和精准执行。例如，在智能制造领域，通过物联网技术实现生产设备的全面互联，利用大数据技术进行生产数据的实时采集与分析，再借助人工智能技术进行生产过程的智能优化与调度，最终实现生产过程的绿色化、高效化。同时，区块链技术为智能制造提供了高度可信的创新方案。通过区块链技术实现对产品碳足迹的全程追踪，促进绿色交易的透明化和便捷化，解决绿色供应链中的信任问题。多技术融合应用不仅提高了生产效率，降低了能耗与碳排放，还增强了消费者对绿色产品的信心，促使企业更加重视环保和社会责任，实现了经济效益与环境效益的双赢。

6.1.3 产业结构的全面升级

数字化与绿色化的融合发展作为推动全球经济转型升级的重要力量，不仅深刻影响了传统产业的转型升级，还催生了众多新兴产业，重塑了供应链与价值链，为经济社会的可持续发展注入了新的活力。

1. 数字化与绿色化的融合发展将推动传统产业生产方式更智能、更低碳

通过引入智能制造系统、自动化生产线和智能物流设备，企业能够实时

监控生产数据，优化生产流程，降低能耗和废弃物排放。同时，绿色技术的融入，如使用清洁能源、推广循环经济模式、采用环保材料等，进一步提升了产品的环保性能且增强了产品的市场竞争力。数字化与绿色化融合发展是未来智能绿色制造的必然发展趋势，利用数字技术实现生产信息的数字化与集成化、物流配送的集约化与智能化、交易结算的便捷化与移动化，以提高生产效率；利用绿色技术，为产品赋予环境友好、资源节约、能源高效利用的特性，增强产品的核心竞争力，使企业生产更环保，提高企业的资源和能源利用效率；利用大数据准确分析市场绿色化需求导向，制订个性化实施方案、差异化营销措施，以提升企业服务水平与客户满意度。数字化与绿色化深度融合发展，打造智能绿色制造场景与应用，增强客户体验，丰富服务内涵。这种"智能 + 绿色"的生产模式不仅提高了生产效率，还降低了对环境的负面影响。

2. 数字化与绿色化的融合发展将催生出一批新兴产业

这些新兴产业不仅具有广阔的市场前景和巨大的发展潜力，还有助于推动经济结构的优化和升级。例如，绿色能源产业作为新兴产业中的佼佼者，正逐步成为未来能源领域的重要发展方向。太阳能、风能、水能等可再生能源的广泛应用，不仅减少了化石能源的消耗，还降低了温室气体排放，为应对气候变化提供了有力支持。此外，节能环保产业也迎来了快速发展期。绿色能源产业致力于提供高效、节能、环保的产品和服务，如节能灯具、绿色建筑、环保设备等，满足了人们对绿色生活的需求。同时，智能制造产业的崛起更是推动了制造业向智能化、绿色化迈进。通过引入人工智能、大数据等先进技术，智能制造企业能够实现生产过程的智能化控制、远程运维和个性化定制等服务，进一步提升了生产效率和产品质量。这些新兴产业的培育和发展将形成更加完整和高效的产业生态系统，推动经济社会的全面绿色转型。

3. 数字化与绿色化的融合发展将带动供应链更敏捷、更绿色

传统的供应链管理模式往往存在信息不对称、资源利用效率低等问题。而数字技术的应用则解决了这些问题，实现了供应链信息的实时共享和透明化管理。企业可以充分利用先进的绿色技术和数字化手段，将生产、加工、销售、售后等全链条信息整合起来，提高信息管理的透明度，完善绿色供应链管理体系，建立高效的绿色供应链智能管理平台。供应链智能管理系统的建立更是实现了供应链的在线监控和智能调度，进一步提升了供应链的响应速度和灵活性。同时，绿色技术的融入也使供应链更加环保、可持续发展。企业可以通过采用绿色包装材料、推广绿色物流方式等措施减少环境污染和资源浪费。供应链的绿色智能管理实现了原材料资源、能源消耗量的可追溯，提升了供应链在线运作效率，可以最快的速度满足客户的需求，为推动工业数字化与绿色化深度融合发展、加快工业领域"双碳"目标的实现奠定坚实的基础。未来绿色化、智能化的供应链能够从供应商、生产商、平台、消费者等各个主体，到不同渠道、多个环节（如国内外多部门的运作环节）进行持续优化，必然会对工业技术革新、行业发展、产业结构升级等产生巨大影响。

4. 数字化与绿色化的融合发展将拉动产业链更高端、更创新

产业链创新化、高端化是工业领域发展的重要引擎，也是加快数字化与绿色化深度融合发展的重要力量。当前工业领域技术更新速度加快，仅仅依靠传统生产模式已经难以实现工业领域的高速发展，如何发展产业链以满足技术、产品、服务新需求是未来亟须解决的问题。依托人工智能、

区块链等数字技术可以实现全产业链的透明化、精细化管控，打造从原材料溯源到产品回收的全生命周期碳管理体系，通过精准供需匹配消除资源错配，借助柔性制造系统降低中间损耗，提升产业链运行效率。数字化与绿色化的充分融合最终将推动产业链完成从要素驱动向创新驱动、从规模扩张向价值跃升、从线性消耗向循环再生的根本性转变，构建起更加高端化、创新化的产业体系。

6.1.4　社会文化的深刻变革

数字化与绿色化融合发展的未来趋势在社会文化层面将带来深远而广泛的影响。低碳环保意识的普遍觉醒与深化、绿色低碳文化的蓬勃发展、教育体系的绿色转型与创新、智慧社区治理的绿色创新实践和相关政策制定及公众参与的数字化互动共同构成了社会文化变革的壮丽画卷。这些变革将推动社会向更加绿色、可持续的方向发展，为人类创造更加美好的生活环境。

1. 低碳环保意识将普遍觉醒与深化

在数字化浪潮的推动下，低碳环保意识的觉醒不再局限于特定的群体或地域，而是逐渐成为一种全球共识。社交媒体、在线论坛等数字化平台成为低碳环保信息传播的主阵地，以惊人的速度将低碳环保理念向全球传递。一方面，人们可以通过这些数字化平台轻松地获取低碳环保资讯、了解低碳环保知识，从而在日常生活中作出更加低碳环保的选择。《2022 中国可持续消费报告》的调查结果显示，消费者分享低碳环保信息最常见的渠道是线上聊天，占比为 47.01%，而 QQ 说说、微信朋友圈、短视频平台和电商平台评价的占比也分别达到 44.90%、39.93% 和 37.62%。另一方面，人们可以广泛参与社交媒体上的低碳环保话题讨论，从改变个人日常习惯到应对全球气候变化，每一个细微的声音都能汇聚成强大的低碳环保力量。人们的低碳环保意识不断增强，《2022 中国可持续消费报告》表明，近 90%的受访者认为低碳环保与每一个人都息息相关。人们深刻意识到低碳环保不仅是政府的责任，更是每个人的义务。从减少塑料的使用到推广绿色出行，从参与垃圾分类到支持可再生能源的使用，低碳环保行动不再是个人的选择，而是成为社会共识和普遍行为。低碳环保意识的觉醒不仅体现在减少使用一次性塑料制品、节约用水用电等具体行动上，还深入人们的价值观，人们开始更加重视与自然和谐共处，追求绿色、低碳、可持续的生活方式，形成了一种新风尚。

2. 绿色低碳文化蓬勃发展

绿色低碳文化作为一种新兴文化，正在以前所未有的速度蓬勃发展。数字技术为绿色低碳文化的传播提供了无限可能。传统文化与现代科技的深入结合，将创造出更多具有时代特色的绿色低碳文化产品。例如，利用虚拟现实技术打造绿色生态体验馆，让观众身临其境地感受自然之美；开发低碳环保主题的在线游戏，让玩家在游戏中学习环保知识并付诸实践。这些创新举措不仅可以丰富绿色低碳文化的内涵和形式，还可以增强绿色低碳文化的吸引力和感染力。从低碳环保主题的文学作品到描绘自然之美的艺术作品，从探讨可持续发展理念的影视作品到倡导绿色生活方式的纪录片，绿色低碳文化以多种形式展现在公众面前。这些作品不仅传递了环保理念，还激发了人们对美好生活的向往和追求。同时，数字化平台还为绿色低碳文化的传播提供了无限可能，使绿色低碳文化能够跨越地域、语言和文化的界限，在全球范围内得到广泛传播和认同。绿色低碳文化的繁荣不仅丰富了人们的精神世界，还为推动社会向绿色、可持续方向发展提供了强大的精神动力。

3. 智慧社区治理迈向绿色低碳

社区作为城市的基本单元，既是人们工作、生活的主要场所，也是城市践行绿色低碳理念的重要空间载体。我国的"双碳"目标向打造高质量的新型智慧社区提出了更高的要求。很多社区顺应国家绿色低碳社区城市更新趋势，有机结合绿色社区、完整社区、低碳社区、智慧社区的理念，实现绿色低碳。例如，在社区大力推广新能源、低碳设施以降低社区耗电量，从而实现节能减排。社区管理者在社区电子显示屏上发布低碳生活指南，通过后端一键式智能管理，无须人工替换宣传素材，既能有效提高工作效率，又减少了纸张浪费。在社区内设置太阳能智慧灯杆，由太阳能光伏组件发电，兼具路灯照明、实时监控、远程数据传输等功能。打造数字化管理平台，接入社区碳排放监测、视频监控、环境监测、车辆出入信息等数据，帮助社区管理者了解社区环境和碳排放情况，优化资源配置，实现社区精细化、绿色低碳管理。此外，数字化平台还为居民提供了参与社区治理的渠道，促进了居民之间的沟通与协作，共同打造一个绿色、和谐的居住环境。随着数字技术的逐渐普及，数字技术赋能社区治理朝精细化、绿色化发展，将成为社区治理的新风尚。

6.2 数字化与绿色化融合发展的政策建议

当前，我国数字化与绿色化融合发展仍处于探索阶段，且受到技术、数据、人才、成本等方面的制约，数字技术在绿色低碳方面的赋能效果尚未充分发挥。未来需要综合运用一揽子政策工具，加紧部署数字化碳管理体系，加速利用数字技术实现"碳中和"目标。

214

6.2.1　加强政策顶层设计，推动数字化与绿色化融合发展

在宏观和中观层面积极部署数字化与绿色化融合发展的相关工作。一是在宏观层面，立足我国社会发展需求和技术发展现状，制定全社会数字化与绿色化融合发展的战略规划，明确数字技术在促进全社会绿色低碳转型中的关键作用和角色定位。通过发布一系列纲领性文件，强化政策引导和激励机制，为全社会绿色低碳发展提供强有力的支撑。二是在中观层面，针对不同领域和区域的特点，制订分领域、分区域的数字化与绿色化融合发展专项行动计划，充分考虑各领域、各区域的实际情况和发展需求，明确具体任务、责任主体和时间节点。同时，建立跨区域、跨领域的协调机制，加强政策协同与资源整合，确保各项政策措施能够有效衔接、形成合力。

加强数字化与绿色化融合发展的监督管理。一是加强与数字化与绿色化融合发展相关的法律法规和数据治理制度的建设，明确数据权属、数据交易规则、隐私保护、环境监管等方面的法律边界，为数据价值的发挥提供坚实的法律保障。加大执法力度，严厉打击违法违规行为，为数字化与绿色化融合发展提供支撑。加快完善与数据治理相关的法律法规，加快数据确权、流转、共享、安全等数据治理相关领域的制度建设，指导和监管行业及组织的数据治理，为发挥数据价值奠定良好的法律法规基础。二是构建数字化与绿色化融合发展的评估监督机制，确保政策有效落地。探索建立数字化与绿色化融合发展的量化规则、评估方法、指标体系和诊断指南，采用第三方评估、社会监督等方式，在产品、企业、行业、区域等层面开展数字化与绿色化融合发展量化评估和诊断。根据评估结果及时调整、优化政策措施，确保数字化与绿色化融合发展的持续性和有效性。

加大试点示范力度，发挥引领带动作用。一是开展试点示范工程，强化

数字技术赋能绿色低碳发展最佳实践供给。探索形成一批可复制、可推广的数字减碳解决方案和创新应用。遴选一批工业、通信、能源、交通、建筑等领域先导试点应用，推进多维度数字减碳应用和服务创新。合理推动试点项目与其他重点工程、科技规划的衔接，鼓励地方政府对试点项目给予土地、资金、用电等政策支持，减小推行阻力。二是加强经验总结，以点带面地大范围推广。定期对试点项目推进情况进行总结，提炼先进的经验和做法。发布数字化促进碳达峰碳中和实施指南，分享企业利用数字技术进行节能减碳的新应用、新方法。依托相关大会、峰会、论坛等平台，开展利用数字技术促进各行业节能减碳的经验宣讲，推广赋能路径和效果等。

6.2.2　持续推动技术攻关，发挥科技创新能力

加强应用基础研究和前沿技术布局，夯实数字化与绿色化创新基础。一是夯实数字产业的基础创新能力。突破芯片、工业软件等基础性技术瓶颈，减少对国际供应链的依赖，摆脱受制于人的局面。扶持集成电路、基础电子等关键基础产业，保障数字技术产业供应链的战略安全。以对新型智能终端、智能网联汽车、智能电力运维装备等的需求为导向，利用大市场优势，大力发展核心基础元器件。重视数字产业绿色低碳技术的研发，开展服务器动态节能、基站设备器件节能、动态电源管理、数据中心自然冷却、液体冷却等技术研发。同时，加大对基础研究的长期稳定投入，支持自由探索与目标导向研究相结合，为数字化与绿色化融合发展提供源源不断的创新源泉。二是超前布局未来数字技术发展方向。全面梳理数字化与绿色化融合发展涉及的相关产业链及可能存在的短板，以产业基础再造工程为重要抓手，对产业薄弱环节开展关键技术和产品的工程化攻关。加大云计算、物联网、大数据、人工智能、量子计算、下一代通信网络技术等的研发和试验力度，加强

基础理论研究和技术研发，着眼长远，抢占技术制高点，打造未来技术竞争优势。支持遴选一批主攻前沿技术，加强产学研协同合作，面向数字化与绿色化融合发展亟须的重大关键技术、原材料、工艺、系统等开展集中攻关。开展数据实时交换、信息处理与融合等传感技术攻关，提升碳传感器的精度、稳定性和可靠性，为碳监测、碳核查提供有力支撑。壮大产业规模，全面推动数字技术与实体经济的深度融合，加快传统产业的数字化、网络化、智能化发展。加强国际科技交流与合作，我国积极参与国际科技组织事务，与其共同应对全球性挑战，推动构建人类命运共同体。

加快先进适用技术的开发及应用，提高技术供给能力和水平。一是加强成果转化能力。支持在重点行业和领域建立一批优势突出的众包、众创、众筹、众扶等支撑平台，集聚利用全球数字、绿色技术与人才，加快新技术、新产品、新模式的跨越式发展。注重构建开放协同的创新生态。加大数字化与绿色化融合发展相关技术和产品研发的资金支持，通过加快推进国家重大科技专项、成立创新科技中心和绿色制造工程中心等方式推动先进数字技术与绿色技术的融合创新。建立产学研用深度融合的创新体系，鼓励企业、高校、科研院所等多元主体间的合作，加速科技成果向现实生产力转化。支持龙头企业做优做强，培育一批具有生态主导能力的产业链"链主"企业，鼓励企业优化管理模式、创新利益分配机制，带动中小企业的绿色转型，促进大中小企业融通发展。二是鼓励重大技术集成示范。利用技术试点示范工程等项目，面向智能制造、智慧城市、清洁能源等多个领域，开展数字化管碳、减碳示范应用，加快传统产业的数字化、智能化、网络化发展，更好地促进各领域数字化减碳。推动大数据、云计算、人工智能、物联网等关键技术在能源、工业、交通等领域碳减排中的创新应用。推动大数据技术在碳数据管理、分析和预测方面的应用，构建完善的碳数据治理体系，为政策制定和企业决策提供科学依据。加强区块链数据存储、加密算法、共识机制和跨链等关键技术的研发与应用，加快区块链与碳资产管理、碳交易等领域的融合创新，提高碳交易的透明度和效率，降低碳交易成本。通过实施典型项目，探索可复制、可推广的技术路径和商业模式，推动传统产业数字化、智能化、网络化发展。利用新一代信息技术手段，搭建先进技术设备公共服务平台，归集先进绿色低碳技术的供需信息，打破信息壁垒，深化技术共享应用，推动技术公共服务线上化、信息匹配精准化、多方合作生态化。

6.2.3 强化关键要素支撑，构建优质数字化与绿色化融合发展基础

持续加快数字基础设施建设，夯实数字化与绿色化融合发展数字底座。一是加快大型数据中心、智算中心等新型基础设施建设，推动其绿色化改造和升级，提高能效水平。明确新型基础设施建设的目标与布局规划，确保其在区域经济发展、产业布局中的合理定位。同时，推动跨行业、跨地区的资源共享与协同，避免重复建设与资源浪费。大力建设绿色数据中心，推广液冷、高效制冷、余热利用、智能温控、人工智能运维等节能技术，逐步探索实施算效等综合能效指标，降低数据中心能耗，提高能效管理水平，将碳排放目标达成情况纳入相关工作的考核范围内，加快形成规模化的发展态势，为工业的数字化与绿色化融合发展提供关键的基础设施支撑能力。推动数据中心的云计算、边缘计算等创新应用，提升数据流处理效率。鼓励存量数据中心在能耗总量不增加的前提下，改造升级为智算中心，积极推广太阳能、风能等可再生能源的应用，提高清洁能源供应所占比例，提升算力基础设施的能效碳效水平。二是推动行业基础设施智能化改造，提升行业数字化与绿色化融合发展基础能力。推动能源基础设施智能化改造，如智能电网、智能燃气网等，提高能源利用效率和安全性。鼓励钢铁、石化化工、水泥等领域

企业利用数字技术开展智能化改造、数字化转型，加快布设智能传感器和智能仪器仪表等数字化工具和设备，提升企业生产现场的实时感知和数据采集能力。推广并普及重点行业智能装备、模型算法和工艺仿真软件等在设备协同、工艺协同和供应链协同方面的应用，打造产品绿色设计、能耗与碳排放管控、环保安全生产、产品碳足迹管理、绿色供应链管理等数字降碳管碳应用场景，提高数字化与绿色化融合发展能力。打造共性技术赋能平台，为应用开发提供深度学习框架和算法组件，为行业碳足迹评估、碳排放监测、碳资产管理等绿色发展共性需求提供在线服务。加快研发数字化与绿色化融合发展解决方案及测试验证、成效评估、监督监管等服务产品，推动产业链、供应链纵深发展。

加快行业标准体系构建和推广，切实发挥标准的支撑引领作用。一是健全数字碳中和的标准供给。建立健全信息通信业的绿色低碳发展技术标准和管理规范，制定一批系统平台、软件算法、数据要素管理等方面的技术规范，加大数字技术赋能节能降碳、低碳评价等领域标准供给力度，加快通信设备能效标准的制修订，引导产业链持续提高设备能效。充分考虑工业、交通、建筑等领域在绿色低碳转型中的核心需求，并结合数字技术的特点和优势，制定跨行业融合应用标准。构建覆盖各领域重点产品全生命周期、全产业链的标准体系，明确数字化碳管理和碳减排的具体要求、评价指标和方法，为各领域提供数字化与绿色化融合发展的科学指导。二是强化标准的宣贯推广工作。组织相关机构召开绿色数据中心、产品节能低碳等不同领域的标准化工作政策解读和业务培训会议，增强各方对标准的认知和理解。编制标准解读材料，对标准中的关键内容、技术要求和实施难点进行详细的解释和说明，帮助各方更好地掌握标准。建立专家库，汇聚行业内外专家资源，为标准的宣贯推广提供技术支持和咨询服务。拓宽节能标准信息发布渠道，免费向社会公开强制性节能国家标准文本，支持行业协会、相关机构等适时披露国际先进节能标准信息。充分利用世界标准日、全国节能宣传周和全国低碳日等主题活动，宣传信息通信业节能标准的重要作用，普及节能标准理念、知识和方法，增强全社会节能意识。

完善碳管理、数字化减碳等融合人才培养体系，强化相关智力支持。一是加大人才培养力度。针对部分教学内容与行业需求脱节的现象，推动相关高校等结合数字化减碳技术和服务需求，积极开设互联网、人工智能、大数据、环境工程、污染控制等相关课程，使专业方向与行业需求对接。通过设立专项基金、建设重点实验室和工程研究中心等措施，可以吸引国内外顶尖人才和团队，加速技术的迭代升级，确保我国在关键技术领域拥有自主知识产权和核心竞争力。通过培训补贴、产教融合试点、政府采购等政策，鼓励企业参与甚至主导人才培养与培训，如提供碳排放管理、能源调度优化、工厂运维监测等方向的实习课程和学习资源，推动一线数字化碳排放管理人员、技术专家等到高校开展培训等，促进产业链发展与人才培育的衔接。二是完善就业市场建设。鼓励绿色标杆企业参与高校"新工科"建设，积极推进绿色智能制造的职业教育和培训，支持更多企业和职业院所将绿色智能制造纳入职业培训范围内，鼓励有能力的企业通过建设实训基地等加强人才培训，完成人才技能转换。加强工业数字化与绿色化融合人才需求预测，联合各级智库及求职平台，加强对绿色智能制造职业供需的研究，建立预测模型，科学预测市场对绿色智能制造人才的需求；动态发布绿色智能制造岗位需求信息，支撑绿色智能制造人才政策的科学编制与精准实施。规范工业数字化与绿色化融合人才的培养方式，制定岗位能力要求并发布人才职业能力标准，建立碳管理、绿色设计、环保技术、环境咨询与技术服务等细分岗位的认证体系。

6.2.4 加大财税金融支持，降低投资改造成本

推动更多财政资源向数字化减碳方向倾斜。一是建立多元化资金支持渠道。采用研发补助、贷款贴息、项目奖励等方式，支持物联网、人工智能、区块链、大数据分析等数字技术促进行业节能减碳的创新应用开发。丰富财政资金的投入方式，利用有限的财政资金设立钢铁、水泥、石化等重点行业绿色智能制造基金，优先投资先进应用场景的应用项目，以便充分发挥财政资金引导作用、扩大财政资金作用范围、提升财政资金对绿色智能制造的支持效果。提升对绿色智能制造企业研发环节的财政补贴占比，提升相关企业研发活动水平。加大研发回收环节的资金投入，需要政府投入更多资金弥补回收短板。灵活调整财税金融支持政策，继续落实高新技术企业所得税优惠、研发费用加计扣除等税收优惠政策，激励民间对工业数字化与绿色化融合发展的投资。二是鼓励开展公私合作。围绕数字化碳管理及智慧能源、智能制造、智慧交通、智慧城市等数字化减碳重点方向，推出一系列地方工程项目等，调动社会资本和产业投资的积极性。支持有能力的地方或企业成立产业发展引导基金，对数字技术赋能制造业碳减排的重点项目给予财政补贴和资金支持。进一步完善资本市场的融资和再融资机制，鼓励有能力的企业通过科创板、创业板上市，发行绿色债券等，充盈企业发展资本。发挥国有企业的产业链带动作用，如在电力、能源等高耗能领域将碳排放监测管理系统及各类数字化碳减排工具纳入国有企业集中采购目录等，为数字化减碳创造市场空间，促进相关产品和服务的创新应用。

强化金融服务对利用数字技术促进碳减排的支撑作用。一是引导基金投资方向。积极倡导并设立专项绿色科技投资基金，鼓励现有绿色基金、互联网基金等关注大数据、云计算、物联网、人工智能技术赋能行业绿色化转

型，加大相关方向投资力度，通过资金引导和政策激励，吸引更多社会资本流向具有前瞻性和创新性的绿色科技领域。二是加大信贷资源倾斜力度。继续深化与金融机构的合作，灵活运用货币政策，如定向降准、再贷款、再贴现等，同时辅以税收减免、财政贴息、信贷担保等财政政策，鼓励金融机构加大对数字化减碳技术和应用项目的信贷投放力度，确保绿色化转型企业能够获得长期、稳定且合理的资金支持，加速其技术升级和绿色发展步伐。三是进一步挖掘和利用全国碳排放权交易市场。引入先进的拍卖模型、优化交易机制、加强数据分析和市场预测能力，为交易主体提供更加智能、高效的交易服务，确保全国碳排放权交易市场的高效、透明运行。开发拍卖模型，模拟交易过程，助力交易主体选择最优拍卖方案等，能更好地发挥数字技术对全国碳排放权交易市场线上交易的支撑作用。加速推进电力、钢铁、水泥等领域纳入全国碳排放权交易市场的进程，鼓励行业积极采用智能监控、智能能效管理等数字化手段，精准管理碳排放，实现绿色生产方式的深刻变革，共同推动经济社会的绿色低碳发展。

6.2.5 提升企业赋能动力，鼓励企业赋能实践

大中小企业分类施策，促进企业数字化与绿色化融合发展。一是推动大企业数字化助力前瞻性技术研发。联合高校、科研机构、企业等产学研主体组建创新联合体、新型共性技术平台等，共同推进资源和数据要素的有效汇集，开展数字化与绿色化融合发展前瞻性、创新性的技术与应用研究。积极促进大企业承接科技重大项目，加强绿色技术、智能技术等关键共性技术研发，加速前瞻性技术的产学研合作及成果转化，有效开展和验证技术应用的落地和创新。鼓励有能力的企业在深入理解"双碳"目标的基础上，将可持续发展纳入"一把手工程"，由企业一把手直接负责，制定相关的发展战略、

进行顶层设计规划等，从组织、文化、人才等层面引导企业绿色低碳发展。二是充分发挥中小企业自身优势。发挥中小企业创新灵活性强和独特的单点深入优势，中小企业利用大数据、云计算、人工智能等先进技术，精准分析市场数据，制定个性化、差异化的营销策略，聚焦绿色可持续发展领域，积极研发新型绿色技术，设计并推出具有创新性和环保特性的绿色产品，实现产品和服务的精准投放，推动中小企业逐步摆脱低附加值、高能耗的传统发展模式，向产业价值链的中高端攀升，实现转型升级。

促进大中小企业融通发展、融链成圈。一是引导大企业发挥示范引领作用。鼓励行业龙头企业秉持打造"零碳供应链"理念，以绿色标准牵引带动上下游中小企业加快工业设备联网、申请获得绿色认证等。大企业引导中小企业积极参与区域的工业低碳行动和绿色智能制造工程，渐进融入产业园区，共同推动区域落后产能循序化解和产业集群绿色转型。遵循"大企业建平台、中小企业用平台"的思路，供应链上下游中小企业应积极融入供应链协同平台，通过链上龙头企业及平台的带动效应，促进自身进行数字化、绿色化转型升级，实现产品设计、原材料采购、产品生产、产品销售、售后服务等全过程高效协同，共同推动绿色供应链发展。二是积极构建多方联动产业生态。在重点行业支持一批具有人才、技术、资金等优势的企业，集聚整合各领域的融合技术、管理与模式，推动形成一批可解决绿色设计、绿色制造、绿色消费、绿色回收与处理等方面问题的数字化综合服务提供商，面向各行业、各领域提供数字化与绿色化融合综合服务。定期发布推荐目录，扩充资源池内技术装备和产品的数量与类型。鼓励互联网企业、芯片企业、硬件企业、能源企业、制造企业、节能节水服务商等，开展产业链数字化与绿色化协同创新，培育供需结合、链式互动、持续迭代的良好产业生态。

6.2.6　完善数字化碳管理，切实提高赋能效果

推动碳排放数据收集、供应链传递和开发利用，更好地挖掘碳排放数据对各行业节能减碳的资源价值。一是鼓励企业碳排放数据的收集和管理。资金补贴或贷款优惠等政策，能够推动电力、工业、交通等领域龙头企业建立"碳资产管理系统"，面向生产、运输、销售等不同环节和各类产品开展碳排放数据监测，规范碳数据管理和核算标准，从而精准摸清自身的"碳家底"，为后续节能减碳行动提供坚实的基础。同时，建立碳排放数据管理考核机制，对企业碳排放数据的收集、管理、核算等环节进行定期评估，对于在碳排放数据收集和管理方面表现突出的企业，给予税收减免等优惠政策。二是推动碳排放数据供应链传递。鼓励上游原材料、元器件、零部件企业加强绿色供应链管理，将碳排放数据作为重要信息纳入供应链管理，并向供应链下游传递，为供应链下游企业开展产品碳足迹和碳排放追踪提供高质量的数据基础。鼓励供应链上下游企业共同建立碳排放数据共享平台，为供应链上下游企业提供高效便捷的数据共享和交换。三是提供数字化碳减排工具。鼓励产学研合作，开发数量更多、质量更优的数字化碳减排工具。例如，开发碳排放数据可视化工具，帮助企业直观地了解碳排放情况；开发碳排放预测模型，为企业制订减碳计划提供科学依据；开发碳排放优化算法，帮助企业实现碳排放的最小化。鼓励企业不断优化和升级碳减排工具，引入物联网、大数据、人工智能等先进技术，提高数据监测精度和效率。

构建以碳管理数据库和数字化平台为核心的管碳体系，通过统一标准、智能分析、精准评价推动政企协同减碳，为绿色转型提供数据支撑和决策依据。一是建立健全碳管理数据库。推动建立全国性的碳管理数据库，统一数据标准和碳核算方法，提高碳数据的准确性和可比性。鼓励企业主动在政

府部门平台上进行碳排放信息披露，提升碳排放数据的透明度和可靠性。加强企业层面的数据采集和监测，设立专门的审核机构，对企业的碳排放数据进行审核和验证，形成全面、准确、可信、坚实的碳排放数据基础。二是推动企业和各级政府建立数字化碳管理公共服务平台。鼓励政企合作，共同搭建数字化碳管理公共服务平台，实现企业与地方政府、部委之间的互联互通与数据共享。鼓励企业内部数字化碳管理系统与地方政府碳管理公共服务平台对接，推动地方政府碳管理公共服务平台与国家级碳管理公共服务平台无缝衔接，实现数据的自动核算、上传上报和共享利用。平台利用大数据、人工智能等技术，对碳排放数据进行深度分析和挖掘，为企业提供减碳建议和方案。建立碳排放预警机制，对碳排放超过阈值的企业及时进行提醒和干预。三是建立碳绩效评价体系，依托评价结果支撑企业绿色化改造和政府精准施政。依托碳管理数据库和数字化碳管理公共服务平台，推动建立企业绿码管理体系和区域碳绩效评价体系，集成用电、用煤、用气、用油等多维度数据，对企业和区域的减碳水平进行精准画像。政府可依据碳绩效评价结果，制定有针对性的减碳政策和措施，为企业和区域提供精准的减碳指导和支持，并给予绿电交易、绿色金融、绿色技改、绿色工厂评价等政策倾斜，提高政策的精准性和有效性。

参考文献

[1] 中国信息通信研究院.数字碳中和白皮书（2021年）[R].2021.

[2] 中国信息通信研究院.工业数字化绿色化融合发展白皮书（2022年）[R]. 2022.

[3] 中国信息通信研究院.新发展阶段工业绿色低碳发展路径研究报告（2023 年）[R]. 2023.

[4] 中国信息通信研究院.中国数字经济发展研究报告（2024年）[R]. 2024.

[5] 中国通信标准化协会，中国信息通信研究院，中国移动，等.ICT技术赋 能碳中和（数字碳手印）白皮书（2023年）[R]. 2023.

[6] 中国信息通信研究院.中国数字化绿色化协同转型发展进程报告（2023） [R]. 2023.

[7] 高磊，伏天媛，姜琪.全球数字化和绿色化协同发展的国际经验及政策 建议[J]. 北方金融，2023（10）：20-24.

[8] 程刚，刘昊昱.中国数字化与绿色化耦合协调发展的演变特征研究[J]. 河 北工程大学学报（社会科学版），2024，41（2）：36-46.

[9] TAPSCOTT D. Die Digitale Revolution [M].Wiesbaden Gabler Verlag，1996.

[10] BHARADWAJ A S, BHARADWAJ S G, KONSYNSKI B R. Information Technology Effects on Firm Performance as Measured by Tobin's Q[J]. Management Science, 1999, 45（7）: 1008-1024.

[11] CARLSSON B. The Digital Economy : What is new and What is not?[J].Structural Change and Economic Dynamics, 2004, 15（3）: 245-264.

[12] FITZGERALD M, KRUSCHWITZ N, BONNET D, et al. Embracing Digital Technology : A New Strategic Imperative[J]. MIT Sloan Management Review, 2014, 55（2）: 1-12.

[13] LYYTINEN K, YOO Y, BOLAND R J. Digital Product Innovation Within Four Classes of Innovation Networks[J]. Information Systems Journal, 2016, 26（1）: 47-75.

[14] LUCIANA H, EVANGELOS H, GRAHAM W. The nature of feedback in higher education studio-based piano learning and teaching with the use of digital technology1[J]. Journal of Music Technology and Education, 2020, 13（1）: 33-56.

[15] 邢小强，周平录，张竹，等 . 数字技术、BOP 商业模式创新与包容性市场构建 [J]. 管理世界，2019，35（12）: 116-136.

[16] 周瑜 . 数字技术驱动公共服务创新的经济机理与变革方向 [J]. 当代经济管理，2020，42（2）: 78-83.

[17] 赵娟，孟天广 . 数字技术与公共危机治理 : 治理能力与治理效能——来自社会公众与公共部门的证据 [J]. 中央社会主义学院学报，2021（1）: 172-185.

[18] 胡熠，靳曙畅 . 数字技术助力"双碳"目标实现 : 理论机制与实践路径 [J]. 财会月刊，2022（6）: 111-118.

[19] 杨军鸽，王琴梅 . 数字技术与农业高质量发展——基于数字生产力的视角 [J]. 山西财经大学学报，2023，45（4）: 47-63.

[20] 傅才武，明琰．数字信息技术赋能当代文化产业新型生态圈门 [J]．华中师范大学学报：人文社会科学版，2023，62（1）：78-86.

[21] 任晓刚．产业绿色化数字化融合发展的内在逻辑、重点布局与路径突破 [J]．中国流通经济，2024（6）.

[22] 邵金玉，韩雪峰．制造业数字化与绿色化协同发展现状及对策研究 [J]．中国商论，2024，33（16）.

[23] 周密，乔钰容．城市绿色化和数字化融合发展的区域差异及内在机制 [J]．城市问题，2023（8）.

[24] 陈凯华，郭锐．面向数字化绿色化转型 发展新质生产力 [N]．光明日报，2024-04-09.

[25] 穆松林．全面推进绿色智慧的数字生态文明建设 [N]．光明日报，2023-08-31.

[26] 寇冬雪．推动数字化绿色化双转型的必要性和着力点 [N]．中国经营报，2023-05-27.

[27] 郭玲玲．数智化与绿色化融合发展赋能新型工业化 [N]．河南日报，2023-10-13.

[28] 李思齐，宁琳琳．加快建设绿色智慧的数字生态文明 [N]．学习时报，2024-03-27.

[29] 詹燕茹．D 会展企业数字化转型战略研究 [D]．贵州：贵州大学，2022.

[30] 缴翼飞．专访中国贸促会研究院院长赵萍：全球供应链呈现区域化、多元化、数字化和绿色化趋势 [N]．21 世纪经济报道，2023-11-30.